# El Nombre de tu Bebé

imaginador

El nombre de tu bebé / compilado por Clara Sumbland
- 1a ed. - Buenos Aires : Grupo Imaginador de
Ediciones, 2009.
   192 p. ; 20x14 cm.

   ISBN: 978-950-768-624-5

   1. Nombres para bebés. I. Clara Sumbland, comp.
   CDD 929.4

Primera edición: marzo de 2008
Última reimpresión: junio de 2009
I.S.B.N.: 978-950-768-624-5

Se ha hecho el depósito que establece la Ley 11.723
© GIDESA, 2009
Bartolomé Mitre 3749 - Ciudad Autónoma de Buenos Aires
República Argentina
Impreso en Argentina - Printed in Argentina

Se terminó de imprimir en Mundo Gráfico S.R.L., Zeballos 885, Avellaneda,
en junio de 2009, con una tirada de 2.000 ejemplares.

Indudablemente, se trata de un momento trascendental, uno de esos hechos definitorios de nuestra vida como padres y de su vida, que recién comienza, como hijo/a.

La elección del nombre de nuestro bebé puede ser sencilla y producirse en un instante mágico, sin generar·dudas ni controversias, o dilatarse en el tiempo, mientras se busca y se piensa en "ese" nombre, y se van descartando, por diversas razones, otros que no convencen.

Para ayudar a los padres en esta maravillosa búsqueda es que presentamos, en esta edición, cientos y cientos de nombres para mujer y varón, ordenados alfabéticamente y con la indicación del origen de cada uno de ellos y su o sus significados.

Porque queremos acompañarlos en esta bella instancia de sus vidas... porque sabemos que decidir cómo va a llamarse, para siempre, ese pequeño ser que late y crece momento a momento dentro del vientre materno es sumamente importante, es que los invitamos a dar vuelta la página y comenzar a recorrer este libro en el que, seguramente, hallarán más de una opción apropiada, o directamente "ese" nombre que no se les había ocurrido y que ahora les parece ideal para esa personita que está lista para recibir todo el amor del mundo, el de ustedes, el de sus padres.

# Nombres para la
# Mujer

- **ABBI / ABBY:** Variantes de Abigaíl.
- **ABIGAíL / ABIJAíL:** (hebreo) Alegría de su padre.
- **ABRIL:** (latino) El mes de abril.
- **ADA / ADDA (HADA / HADDA):** (hebreo) Que irradia alegría.
- **ADABELLA:** Contracción de Ada y Bella.
- **ADALGISA:** (germánico) La noble rehén.
- **ADALIA:** (persa) Devota del dios del fuego.
- **ADALUZ:** Contracción de Ada y Luz.
- **ADASSA:** (canario) Nombre aborigen procedente de la Isla de Tenerife.
- **ADELA / ADELIA / ADILIA:** (germánico) Reina, madre de la princesa.
- **ADELAIDA / ADELINA:** (germánico) Princesa de noble estirpe o de la casa real.
- **ADELFA:** (griego) La amiga fraterna.

- **ADELMA:** (teutón) Protectora del necesitado.
- **ADENA / ADINA:** (hebreo) Frágil y dependiente.
- **ADOLFINA:** (germánico) Que quiere ser noble. Forma femenina de Adolfo.
- **ADORACIÓN:** (latino) La que adora a Dios.
- **ADRIA / ADRIANA:** (latino) Mujer del mar. Forma femenina de Adrián.
- **AFRA:** (latino) La que vino de África.
- **ÁFRICA:** (latino) Soleada, con sol.
- **AFRODITA:** (griego) Diosa del amor y la belleza.
- **AGAPITA:** (griego) La que es muy amada.
- **AGAR:** (hebreo) La fugitiva.
- **ÁGATA:** (griego) La sublime, la virtuosa.
- **AGLAE / AGLAYA:** (griego) La esplendorosa, la resplandeciente.
- **AGNES / AGNESE:** (latino) El cordero.

- **AGNI:** (mitológico) En la mitología hindú, divinidad del fuego.
- **AGNUS:** (griego) La que es casta y pura.
- **AGRIPINA:** (latino) Descendiente de Agripa, "el que nace con los pies para afuera".
- **ÁGUEDA:** (griego) La virtuosa, de conducta excelsa.
- **AGUSTINA / AGOSTINA:** (latino) Majestuosa.
- **AÍDA:** (latino) La que es de familia distinguida.
- **AIDÉE / AIDÉ / HAIDÉ / HAIDÉE:** (griego) Mujer recatada.
- **AILEN / AYLEN / AILLÉN:** (americano - mapuche) La brasa.
- **AILÍN / AYLÍN:** (americano - mapuche) Transparente, muy clara.
- **AIMARA:** (americano - mapuche) Cultura y lengua originaria de la región andina de Bolivia.
- **AIMÉ / AYMÉ:** (americano - mapuche) Esencial.
- **AÍN:** (árabe) Fuente
- **AINARA:** (vasco) Golondrina. Otra variante del mismo nombre es "Enara".
- **AINOA:** (vasco) La de tierra fértil.
- **AITANA:** (vasco) Gloria.
- **AIXA:** (árabe) La que eligió el de mayor autoridad.

- **ALAIA:** (vasco) Alegre o de buen humor.
- **ALANA:** (celta) Armonía.
- **ALBA:** (latino) De blancura refulgente.
- **ALBANA:** (latino) La mujer de Alba, la más antigua ciudad latina.
- **ALBERTINA:** (germánico) La de nobleza esplendorosa.
- **ALBINA:** (latino) Blanca. Forma femenina de Albino.
- **ALCIRA:** (germánico) Orgullo y adorno de la clase noble.
- **ALDA:** (celta) La más bella.
- **ALDANA:** (hispánico) Contracción de Alda y Ana.
- **ALEGRA:** (latino) Vivaz, llena de ardor.
- **ALEJANDRA:** (griego) Protectora. Forma femenina de Alejandro.
- **ALEJANDRINA:** Derivado de Alejandra.
- **ALEJANIA:** Variante de Amalia.
- **ALESIA / ALESSIA:** (griego) La protectora.
- **ALESSANDRA:** Variante italiana de Alejandra.
- **ALETHIA:** (griego) Representaba a la Verdad en la mitología griega.
- **ALEXA:** Forma femenina de Álex.
- **ALEXANDRA:** Variante inglesa de Alejandra.

- **ALEXIA:** Contracción de Alejandra.
- **ALFA:** (griego) Simboliza el principio de todo.
- **ALFONSA / ALFONSINA:** (germánico) De noble estirpe.
- **ALICIA:** (griego) Noble. Que da protección y defensa. Variante: Licha.
- **ALIDA:** Variante de Élida.
- **ALINA / ALINE:** Contracción de Adelina.
- **ALISON:** (griego) La que brinda defensa
- **ALMA:** (latino) Bondadosa, gentil.
- **ALMENDRA:** (latino) Como la fruta del mismo nombre.
- **ALMIRA:** (árabe) Princesa, la ensalzada.
- **ALMUDENA:** (árabe) La de ciudad pequeña.
- **ALONDRA:** (latino) Ave de plumaje pardo que habita llanuras y sabanas.
- **ALTAIR:** (árabe) Estrella integrante de la constelación del Águila.
- **ALTEA:** (griego) Saludable, edificante.
- **ALUMINÉ:** (latino) Brillante como el aluminio.
- **ALVINA:** (germánico) Amada, amiga de todos.
- **AMA:** (teutón) Trabajadora, enérgica.
- **AMADA:** (latino) Digna de amor. Forma femenina de Amado.
- **AMADIS:** (latino) El gran amor, amadísima.
- **AMALIA:** (germánico) Mujer trabajadora, enérgica y activa.
- **AMALSINDA:** (germánico) A quien Dios señala.
- **AMANCAY / AMANCAI:** (americano - quechua) Voz que le da nombre a una hermosa flor amarilla veteada de rojo.
- **AMANDA:** (latino) Adorable, que debe ser amada.
- **AMAPOLA:** (árabe) Flor del vergel.
- **AMARA:** (latino) La que es amarga.
- **AMARANTA:** (griego) La que no decae.
- **AMARILIA / AMARILLA / AMARILIS:** (griego) La que brilla.
- **AMATISTA:** (latino) La que embriaga.
- **AMAYA:** (vasco) Pasto.
- **ÁMBAR:** (latino) Piedra preciosa.
- **AMBROSIA:** (griego) Forma femenina de Ambrosio (el que es inmortal).
- **AMELIA:** Variante de Amalia.

- **AMÉRICA:** (germánico) Activa, industriosa.
- **AMINA:** (árabe) La mujer fiel.
- **AMINTA:** (griego) La que da la protección.
- **AMIRA:** (árabe) Princesa.
- **AMPARO:** (latino) Escudo, defensa.
- **ANA / ANNA:** (hebreo) La que posee la gracia de Dios.
- **ANABELLA:** Contracción de Ana y Bella.
- **ANACARLA:** Contracción de Ana y Carla.
- **ANACLARA:** Contracción de Ana y Clara.
- **ANAHÍ / ANAHID:** (americano - guaraní) Nombre relacionado con la flor del ceibo.
- **ANAID:** (mitológico) Divinidad fenicia que reunía atributos de Venus, Ceres, Minerva y Diana.
- **ANAIR:** (griega) En la mitología griega se la conocía como una divinidad absoluta.
- **ANALÍA:** Contracción de Ana y Lía.
- **ANALISA:** Contracción de Ana y Elisa.
- **ANANKE:** (mitológico) Llamada la Necesidad por los romanos. En Grecia, divinidad absoluta.

- **ANASTASIA:** (griego) Vuelta a la vida.
- **ANATILDE:** Contracción de Ana y Matilde.
- **ANATOLIA:** (griego) La que nació en Asia Menor.
- **ANDREA:** (griego) Forma femenina de Andrés (valiente y varonil). Bella, apuesta.
- **ANDREÍNA:** Variante de Andrea.
- **ANDRÓMACA:** (griego) La que combate como un hombre.
- **ANDRÓMEDA:** (mitológico) Hija de Casiopea y Cefeo.
- **ANÉLIDA / ANELISA / ANELINA:** Contracciones de Ana con Élida, Elisa y Elina.
- **ÁNGELA:** (griego) Variante de Angélica. Enviada de Dios.
- **ÁNGELES:** Advocación a Nuestra Señora de los Ángeles.
- **ANGÉLICA:** Variante de Ángela.
- **ANGELINA:** Variante de Angélica.
- **ANGUSTIAS:** (latino) Oprimida.
- **ANIA:** (griego) Afligida.
- **ANICETA:** (griego) Forma femenina de Aniceto (invencible por su poderío físico).
- **ANIRIA:** (griego) Victoriosa.
- **ANSELMA:** (germánico) Forma femenina de Anselmo (el protegido de Dios).

- **ANTÍGONA:** (griego) Distinguida entre sus hermanas.
- **ANTONELA / ANTONELLA:** (italiano) Variantes de Antonieta.
- **ANTONIA:** (latino) Bella como una flor.
- **ANTONIETA / ANTONINA:** Variantes de Antonia.
- **ANUNCIACIÓN:** (latino) La que anuncia (referido a la anunciación de la Virgen como madre de Dios).
- **APIA:** (latino) Mujer piadosa.
- **APOLINARIA / APOLONIA:** (griego) Lugar consagrado a Apolo.
- **AQUILESIA / AQUILINA:** (griego) Defensora de sus amigos.
- **ARA:** (americano - araucano) Nube.
- **ARABELA / AREBELA:** (latino) Altar hermoso.
- **ARACELI:** (latino) Altar del cielo.
- **ARANZAZU:** (vasco) La que vive en las sierras.
- **ARCADIA:** (griego) Ciudad rodeada de fortalezas.
- **ARCÁNGELA:** (latino) Princesa de todos los ángeles.
- **ARCELIA:** (latino) Cofre lleno de tesoros.
- **ARGENTA:** (latino) De plata.
- **ARGENTINA:** (latino) La que resplandece como la plata.

- **ARIA:** (griego) Mujer de gran santidad.
- **ARIADNA:** (griego) La que es muy santa. No se doblega.
- **ARIANA:** Variante de Adriana.
- **ARIELA:** (hebreo) Leona de Dios.
- **ARMANDA / ARMINDA:** (germánico) Forma femenina de Armando (guerrero).
- **ARMIDA:** Inventado por Torcuato Tasso para la hechicera de su obra "Jerusalén Liberada".
- **ARSENIA:** Forma femenina de Arsenio (varonil y vigoroso).
- **ARTEMISA:** (mitológico) Diosa griega de la caza.
- **ASTERIA:** (griego) Por escapar de Zeus, se lanzó al mar.
- **ASTRA:** (griego) Deslumbrante como una estrella.
- **ASTRID / ASTRYD:** (germánico) Querida por los dioses.
- **ASUNCIÓN:** (latino) La que fue llevada a los cielos.
- **ATALÁ:** (griego) La juvenil.
- **ATANASIA:** (griego) La inmortal.
- **ATHENA / ATENEA:** (griego) Nombre que los griegos dieron a Minerva.
- **ATHINA:** (griego) De Atenas.
- **ÁTICA:** (griego) Región de la Antigua Grecia.

- **AUDA:** (latino) La que es audaz.
- **AUDELINA:** (germánico) El nombre de mujer.
- **AUDREY:** (anglosajón) La noble amenaza.
- **AUGUSTA:** (latino) La que es majestuosa, venerable.
- **AURA:** (latino) Soplo, brisa.
- **ÁUREA / AURELIA:** (latino) La que vale como el oro.
- **AURISTELA:** (latino) Estrella áurea. De oro.
- **AURORA:** (latino) Brillante y resplandeciente como el amanecer.
- **AVELINA:** (latino) La que nació en Avella. Forma femenina de Avelino.

- **AYELÉN:** (americano - mapuche) La alegría.
- **AYLÉN:** (americano - mapuche) La que es como la brasa, brasita.
- **AYNKÁN:** (americano - mapuche) Hermana mayor.
- **AZALEA:** (latino) Flor del desierto.
- **AZUCENA:** (árabe) Blancura, pureza.
- **AZUL:** (árabe) Del color del cielo sin nubes.

- **BAHIANA:** (portugués) Nacida en Bahía (ciudad del nordeste de Brasil).
- **BALBINA:** (latino) La que balbucea.
- **BALTILDE / BATILDE:** (germánico) La valiente, la que lucha.
- **BÁRBARA:** (griego) La extranjera.
- **BASEMAT:** (hebreo) Bálsamo.
- **BASILIA:** (griego) Forma femenina de Basilio (gobernante).
- **BATILDE:** (germánico) La que lucha.
- **BAUDILIA:** (teutón) Forma femenina de Baudileo (audaz y valeroso).
- **BEATA:** (latino) Bendita, bienaventurada.
- **BEATRIZ:** (latino) Que trae alegría.
- **BEGONIA / BEGOÑA:** (vasco) El lugar del cerro dominante.
- **BELÉN:** (hebreo) Casa del pan.
- **BELINDA:** (griego) Colmada de gracia. Diminutivo: Linda.
- **BELISA:** (latino) La esbelta.

- **BELISARIA:** (griego) Forma femenina de Belisario (diestro flechador).
- **BELLA:** (hebreo) La belleza. Variante de Isabel.
- **BENEDICTA:** (latino) Bendecida por Dios.
- **BENIGNA:** (latino) Amable, bondadosa.
- **BENILDA:** (germánico) Forma femenina de Benildo (el que lucha con los osos).
- **BENITA:** (latino) Contracción de Benedicta.
- **BERENICE / BERNICE:** (mitológico) Portadora de la victoria.
- **BERNA:** (germánico) Temeraria.
- **BERNABELA:** (hebreo) Forma femenina de Bernabé (hijo de la profecía).
- **BERNARDA / BERNADETTE / BERNARDITA:** (germánico) La que tiene la fuerza y audacia de un oso.
- **BERTA:** (hebreo) Diosa de la sabiduría y la guerra.

- **BERTILA:** Diminutivo de Berta.
- **BERTILDA:** (germánico) La que combate, la ilustre.
- **BETANIA:** (hebreo) Nombre de una aldea de la antigua Palestina.
- **BETINA / BETTINA / BETIANA:** Derivados de Beatriz.
- **BETSABÉ:** (hebreo) La que es hija de un juramento.
- **BETSY / BESSIE / BETTY:** Diminutivos de Elizabeth.
- **BIANCA:** (latino) Variante italiana de Blanca.
- **BIBIANA:** Variante de Viviana.
- **BIBLIS:** (latino) Golondrina.
- **BIENVENIDA:** (latino) La que es bien recibida y esperada.
- **BLANCA:** (germánico) Con referencia al color blanco, brillante.
- **BLANDINA:** (latino) La que es tierna y agradable.
- **BONA:** (latino) La que es buena.
- **BONFILIA:** (italiano) Buena hija.
- **BONIFACIA:** (latino) Benefactora. La que hace bien a todos.
- **BRAULIA:** (teutón) Resplandeciente.
- **BRENDA:** (sajón) Espada.
- **BRÍGIDA:** (celta) La victoriosa. La fuerte.
- **BRIGITTE:** (francés) Variante de Brígida.
- **BRUNA / BRUNELLA / BRUNELA:** (latino) Morena.
- **BRUNILDA:** (germánico) Guerrera morena.
- **BUENAVENTURA:** (latino) La que desea suerte.

- **CALA:** (árabe) Castillo.
- **CALANDIA:** (griego) Alondra.
- **CALÍOPE:** (griego) La de voz hermosa.
- **CALIXTA / CALISTA:** (griego) Hermosísima.
- **CAMELIA:** (fenicio) Presente en Dios.
- **CAMILA:** (francés) Variante de Camelia.
- **CANDELA:** (latino) La que brilla.
- **CANDELARIA:** (latino) Que ilumina.
- **CÁNDIDA:** (latino) Inocente, pura.
- **CANDRA:** (latino) Luminosa.
- **CANELA:** (latino) Nombre de una planta aromática.
- **CAPITOLINA:** (latino) La que mora con dioses.
- **CARA:** (latino) Querida.
- **CARIDAD:** (latino) Caritativa.
- **CARINA:** (latino) La muy amada.
- **CARISA:** (griego) La belleza y la amabilidad.
- **CARLA:** (germánico) Forma femenina de Carlos. Muy fuerte.

- **CARLINA:** (italiano) Diminutivo de Carla.
- **CARLOTA:** (español) Fuerte, poderosa.
- **CARMELA:** Variante de Carmen.
- **CARMEN:** (hebreo) La del campo cultivado.
- **CARMINE:** (latino) Canción.
- **CAROL:** (inglés) Canción, melodía.
- **CAROLA:** (latino) Forma femenina de Carolus, equivalente a Carlos.
- **CAROLINA:** (latino) Libre de vínculos feudales.
- **CASANDRA:** (mitológico) Hija de los reyes de Troya. Poseía el don de la profecía.
- **CASIA:** (latino) Protegida por un yelmo.
- **CASIANA:** (latino) La mujer del yelmo.
- **CASILDA:** (germánico) La virgen portadora de la lanza.
- **CASIMIRA:** (polaco) Predica la paz.

- **CASTA:** (griego) Manantial de pureza.
- **CASTORA:** (griego) La brillante.
- **CATALINA:** (griego) De pura casta. Sin cruzas.
- **CATERINA:** (italiano) Variante de Catalina.
- **CAYETANA:** (latino) Alegre.
- **CECILIA:** (latino) Pequeña e indefensa.
- **CEFERINA:** (griego) Acariciadora como la brisa.
- **CELEDONIA:** (latino) Pequeña golondrina.
- **CELERINA:** (latino) La más rápida.
- **CELESTE:** (latino) Celestial, del color del cielo.
- **CELESTINA:** (latino) Habitante del cielo.
- **CELIA:** (latino) Oriunda de las colinas de Roma.
- **CELIDONIA:** (griego) Hierba medicinal.
- **CELINA / CELINDA:** (latino) Venida del cielo.
- **CELMIRA / ZELMIRA:** (árabe) La brillante.
- **CELSA:** (latino) De altura espiritual.
- **CENTOLA:** (árabe) Luz de la sabiduría.

- **CERES:** (romano) Diosa de los cultivos.
- **CESARE / CESARIA:** (latino) Que fue separada forzadamente de su madre.
- **CESIRA:** (latino) La de cabellera abundante.
- **CHABELA:** Variante de Isabel.
- **CHANDRA:** (sánscrito) Brillante. Luz de luna.
- **CHANTAL:** (francés) Cantante.
- **CHARISSA:** (griego) Gracia.
- **CHARLOTTE:** (inglés) Variante de Carlota.
- **CHARO:** (latino) Variante de Rosario.
- **CHAYA:** (hebreo) Vida.
- **CHIARA:** (italiano) Variante de Clara.
- **CHLOÉ:** (griego) Tierna como la hierba.
- **CHO:** (japonés) Mariposa.
- **CHONA:** (español) Variante de Encarnación.
- **CIBELES:** (mitológico) Diosa frigia.
- **CIELO:** (latino) La que es celestial.
- **CINDY:** Variante de Cintia / Cinthia.
- **CINTIA / CINTHIA:** (griego) Diosa de la luna.

- **CIRA:** (griego) Diminutivo de Alcira.
- **CIRCE:** (mitológico) El don de las artes negras. Mujer astuta.
- **CIRILA:** Diminutivo de Cira.
- **CIRINEA / CIRENIA:** (griego) Natural de Cirene, Libia.
- **CLARA:** (latino) Transparente, limpia.
- **CLARABELLA:** Contracción de Clara y Bella.
- **CLARIBEL:** Contracción de Clara e Isabel.
- **CLARISA:** (latino) Variante de Clara.
- **CLAUDIA:** (latino) Vanidosa con suerte. Forma femenina de Claudio.
- **CLAUDINA:** Diminutivo de Claudia.
- **CLEA / CLEO:** (griego) Celebrar, clamar.
- **CLELIA:** (latino) Gloriosa, sublime.
- **CLEMENCIA:** (latino) Compasiva y moderada en su trato.
- **CLEMENTINA:** (latino) Forma femenina de Clemente (benigno, compasivo y moderado).
- **CLEMIRA:** (árabe) Princesa brillante.
- **CLEODORA:** (griego) El don de Dios.
- **CLEOFE:** (griego) La que vislumbra la gloria.
- **CLEOPATRA:** (griego) Orgullo de sus ancestros.
- **CLIDE / CLIDIA:** (griego) Agitada como el mar.
- **CLÍO:** (griego) Célebre, famosa.
- **CLODOVEA / CLOTILDE:** (teutón) Forma femenina de Clodoveo (ilustre guerrero).
- **CLOE:** (bíblico) Hierba tierna.
- **CLORINDA:** (griego) Lozana.
- **CLORIS:** (griego) Fresca y vital. Diosa griega de las flores.
- **CLOTILDE:** (germánico) Distinguida.
- **COLOMBA:** (latino) Paloma.
- **CONCEPCIÓN:** (latino) La que concibe.
- **CONCORDIA:** (latino) Con el corazón.
- **CONSOLACIÓN:** (latino) La que conforta y consuela.
- **CONSTANCE:** (francés) Variante de Constancia.
- **CONSTANCIA:** (latino) Fiel, constante.
- **CONSTANZA:** (italiano) Variante de Constancia.
- **CONSUELO:** (latino) Refugio de afligidos.

- **CORA:** (griego) Virgen, doncella.
- **CORAL:** (latino) Piedrita, guijarro.
- **CORALIA:** (griego) Muchacha, doncella.
- **CORDELIA:** (latino) La del corazón pequeño.
- **CORINA:** (griego) La joven virgen. Variante de Cora.
- **CORNELIA:** (latino) Forma femenina de Cornelio (el encargado de tocar el cuerno en la batalla).
- **CRESCENCIA / CRESCENCIANA:** (latino) La que hace crecer la virtud en su personalidad.
- **CRESSIDA:** (griego) Oro.
- **CRIMILDA:** (germánico) Combate con el yelmo.
- **CRISPINA:** (latino) La del cabello enrulado.

- **CRISTAL:** (latino) Clara y brillante.
- **CRISTINA / CRISTIANA:** (latino) De pensamiento puro. Cristalina. La ungida.
- **CRUZ:** (latino) Madero que se hizo símbolo de la muerte redentora de Cristo.
- **CUMELÉN:** (americano - mapuche) Significa "estar bien".
- **CUSTODIA:** (latino) Forma femenina de Custodio (espíritu guardián).
- **CUYEN / KUYEN:** (americano - mapuche) Luna.
- **CYNTHIA / CYNTIA:** (inglés) Variantes de Cintia.

- **DACIA:** (latino) La que viene de Dacia, región del Imperio Romano.
- **DACIL:** Variante de Dacia.
- **DAFNE:** (mitológico) Ninfa hija del río Peneo y de la Tierra. Significa "árbol de laurel o coronada de laureles".
- **DAGMA:** (germánico) Habitante del valle.
- **DAHRA:** (hebreo) Perla de sabiduría.
- **DAIANA:** (inglés) Variante de Diana.
- **DAILA:** (latino) Hermosa como una flor.
- **DAINA:** (germánico) Reina de las montañas.
- **DAIRA:** (griego) Plena de sabiduría.
- **DAISY:** (latino) Variante inglesa de Margarita.
- **DALAL:** (árabe) Mimosa.
- **DALIA:** (germánico) Habitante del valle.
- **DALILA:** (bíblico) Delicada, tierna. Amante de Sansón.
- **DALINDA:** Variante de Delia.
- **DALMA:** Variante de Dalmacia.
- **DALMACIA:** (latino) Oriunda de Dalmacia.
- **DALMIRA:** (germánico) La respetable por su nobleza.
- **DAMARA:** (griego) Niña suave.
- **DAMARIS:** (griego) La suplicada por el pueblo.
- **DAMASIA:** (griego) La experta domadora de caballos.
- **DAMIA:** (griego) Pueblo.
- **DAMIANA:** (griego) La mujer popular.
- **DANA:** (hebreo) La que sabe juzgar.
- **DANAE:** (griego) La mística de la tierra árida.
- **DANIELA:** (hebreo) Dios es mi juez.
- **DANIELE:** (francés) Variante de Daniela.
- **DANIKA:** (eslavo) Estrella matutina.
- **DANILA:** (serbocroata) Variante de Daniela.

- **DARA:** (hebreo) Forma femenina de Daniel (Dios es mi juez).
- **DARÍA:** (bíblico) Forma femenina de Darío (protección contra lo malo).
- **DARIANA:** (persa) El regalo precioso.
- **DARLA:** (sajón) Querida, amada.
- **DASHA:** (griego) El regalo de Dios.
- **DAVIDA:** (hebreo) Forma femenina de David (El bien amado de Dios).
- **DAYA:** (hebreo) Ave.
- **DAYANARA:** (latino) Divina, brillante.
- **DAYANIRA:** (griego) Que despierta grandes pasiones.
- **DEA:** (latino) Diosa.
- **DEANDRA:** (latino) Divina.
- **DÉBORA / DÉBORAH / DEBRA:** (hebreo) Laboriosa como la abeja.
- **DEIDAMIA:** (griego) Combate con paciencia.
- **DEKA:** (griego) La que es agradable.
- **DELFINA:** (latino) Juguetona, alegre.
- **DELIA:** (griego) De la isla de Delos.
- **DELICIA:** (latino) La que deleita.
- **DELILAH:** (hebreo) Delicada.
- **DELMIRA:** (teutón) La que es de noble estirpe.
- **DEMETRIA:** (griego) Deriva de Deméter, la diosa de las tierras cultivadas.
- **DENISE / DENISSE:** (griego) Consagrada a Dios en la adversidad.
- **DEOGRACIA:** (latino) La gracia de Dios.
- **DEONILDE:** (germánico) La que combate.
- **DESDÉMONA:** (griego) La desdichada.
- **DESIDERIA:** (latino) Forma femenina de Desiderio. Deseada.
- **DESIRÉE:** (francés) Variante de Desideria.
- **DEVI:** (hindú) Que vive en el cielo.
- **DEVOTA:** (latino) La que está consagrada a Dios.
- **DEYANIRA:** (mitológico) La destructora de hombres.
- **DIANA:** (mitológico) Diosa de la caza. Divina.
- **DIANTHE:** (griego) La flor divina.
- **DIELLA:** (latino) Adoradora de Dios.
- **DIGNA:** (latino) Que es digna de algo.
- **DIMPNA:** (irlandés) El ciervo pequeño.

- **DINA:** (hebreo) Forma femenina de Daniel.
- **DINORAH / DINORA:** (arameo) Luz.
- **DIOMIRA:** (germánico) Célebre en su pueblo.
- **DIONISIA:** (griego) La consagrada a Dionisio.
- **DISA:** (eslavo) De espíritu activo.
- **DITA:** (galés) Regalo costoso.
- **DIVINA:** Alusivo a la Divina Providencia.
- **DOLORES:** (latino) Alusivo a los siete dolores de la Virgen.
- **DOMICIANA:** (latino) La que domina.
- **DOMINGA:** (latino) Perteneciente a Dios.
- **DOMÍNICA:** (latino) La que nació el día del Señor.
- **DOMINIQUE:** (francés) Variante de Domínica.
- **DOMITILA:** (germánico) La que da buen trato a la gente de su pueblo.
- **DONATA:** Variante italiana de Dorotea.
- **DONATELLA:** (italiano) Variante de Donatila.
- **DONATILA:** (latino) Regalo de Dios.
- **DONINA:** (latino) Don de Dios.
- **DONNA:** (italiano) Mujer.
- **DONOSA:** (latino) La que tiene gracia y donaire.
- **DORA / DORINA:** (griego) Diminutivos de Dorotea.
- **DORALISA:** Contracción de Dora y Elisa.
- **DORANA:** Contracción de Dora y Ana.
- **DORCAS:** (griego) La gacela.
- **DORELIA:** (griego) Contracción de Dora y Delia.
- **DORIANA:** (griego) Variante de Dora.
- **DORIS:** (griego) Diosa del mar.
- **DOROTEA:** (griego) Don de Dios.
- **DRUSILA:** (latino) Derivado del nombre celta Druso, que significa fuerte.
- **DULCE / DULCINEA:** (latino) Llena de dulzura.
- **DUNI:** (ruso) Colina.
- **DUSCHA:** (ruso) Espíritu divino.

**E**

- **EBE:** (griego) Flor juvenil. Variante: Hebe.
- **ÉBER:** (hebreo) La del más allá.
- **EDA / EDDA:** (germánico) Bisabuela.
- **EDANA:** (celta) Ardiente celosa.
- **EDBURGA:** (anglosajón) La que protege la propiedad.
- **EDELBURGA / EDILBURGA:** (anglosajón) La de estirpe noble.
- **EDELIA / EDILMA / EDILIA:** (griego) La que permanece joven.
- **EDELIRA / EDELMA:** (teutón) De noble estirpe.
- **EDELMIRA:** (anglosajón) Variante de Adelma.
- **EDELTRUDA:** (anglosajón) Amada por su nobleza.
- **EDELTRUDIS:** (germánico) La noble, llena de fidelidad.
- **EDÉN:** (hebreo) Deleite.
- **EDGARDA:** (teutón) Forma femenina de Edgardo (defiende sus bienes y su tierra con lanza).
- **EDILIA:** (griego) Es como una estatua.

- **EDITA:** Forma castellana de Edith.
- **EDITH:** (germánico) Que posee dominios, posesiones.
- **EDNA:** (hebreo) Rejuvenecimiento.
- **EDRIA:** (hebreo) Poderosa.
- **EDUARDA:** (anglosajón) La guardiana atenta a su feudo.
- **EDURNE:** (vasco) Nieve.
- **EDUVIGES / EDUVIGIS:** (germánico) La que lucha.
- **EFIGENIA:** Variante de Ifigenia.
- **EGDA:** (griego) Escudera.
- **EGERIA:** (griego) La que da ánimos.
- **EGIDIA:** (griego) Forma femenina de Egidio (guerrero con escudo de piel de cabra).
- **EGLE:** (mitológico) Una de las ninfas Hespérides. Significa "la esplendente, la radiante".
- **EIRA:** (escandinavo) Diosa protectora de la salud.
- **EIRENE:** (griego) Paz.
- **EKATERINA:** (ruso) Variante de Catalina.

- **ELA:** (teutón) La que es noble.
- **ELADIA:** (griego) Forma femenina de Eladio. La que vino de Grecia.
- **ELBA:** (celta) Alta. Oriunda de la montaña.
- **ELCIRA:** (germánico) Noble adorno.
- **ELDA:** (italiano) Variante de Hilda. Significa batalladora.
- **ELEA:** (griego) Dios da.
- **ELECTRA:** (griego) Dorada como el sol. Rubia.
- **ELENA:** (griego) Bella como el sol que resplandece al amanecer.
- **ELEODORA:** (griego) Forma femenina de Eleodoro. Como Elios-Sol. La que vino del Sol.
- **ELEONOR / ELEONORA:** (provenzal) Variante de Elena.
- **ELEUTERIA:** (griego) Libertad.
- **ELIA:** (hebreo) Yahveh es mi único Dios.
- **ELIANA:** (latino) Perteneciente al Sol.
- **ÉLIDA:** (griego) Natural del valle de Élide, región del Peloponeso donde se celebraban los Juegos Olímpicos.
- **ELÍN:** (griego) La aurora.
- **ELINA:** (griego) Derivado de Elena. La aurora.
- **ELINDA:** (teutón) Bella lancera.
- **ELIS:** Variante de Elisa.
- **ELISA:** Variante de Elizabeth.
- **ELISABET / ELIZABETH:** (hebreo) Consagrada a Dios.
- **ELISEA:** (hebreo) Forma femenina de Eliseo. Dios es salvación, protege mi salud.
- **ELISENDA:** (catalán) Aquella a quien Dios ha ayudado.
- **ELMA:** Derivado de Guillermina.
- **ELODIA:** (germánico) Rica. Que tiene riquezas.
- **ELOÍSA:** (germánico) Guerrera afamada.
- **ELPIDIA:** (griego) Forma femenina de Elpidio (el que espera con fe, vive esperanzado).
- **ELSA:** (germánico) Variante de Elisa.
- **ELSIRA:** Variante de Alcira.
- **ELVIA:** (latino) De color amarillo.
- **ELVINA:** Variante de Elvia.
- **ELVIRA:** (germánico) La princesa.
- **ELVISA:** (teutón) Guerra famosa.
- **ELY:** (hebreo) Elevación.
- **EMA / EMMA:** Variante de Irma.
- **EMALIA:** (latino) Coqueta.
- **EMANUELA:** (latino) Dios está con nosotros.
- **EMELINA:** (germánico) Derivado de Irma. Poderosa.

- **EMERENCIANA**: (latino) La que obtendrá recompensa.
- **EMÉRITA**: (latino) Dios la recompensa por sus virtudes.
- **EMILCE**: (griego) Amable.
- **EMILIA**: (latino) Forma femenina de Emilio. Laboriosa.
- **EMILIANA**: Contracción de Emilia y Ana.
- **EMILY**: (inglés) Variante de Emilia.
- **EMPERATRIZ**: (latino) La soberana.
- **ENA**: (irlandés) Pequeño fuego.
- **ENCARNACIÓN**: (latino) Se refiere al misterio cristiano de la encarnación.
- **ENDIKE**: Variante vasca de Enriqueta.
- **ENEIDA**: (latino) Nombre del famoso poema épico de Virgilio, cuyo héroe es Eneas.
- **ENGRACIA**: (latino) Que tiene la presencia de Dios.
- **ENRICA / ENRIQUETA**: (germánico) Princesa en la tierra.
- **EPIFANIA**: (griego) Fuente de luz.
- **ERCILIA**: (griego) La refugiada.
- **ERÉNDIRA**: (tarasco) La que sonríe.
- **ÉRICA / ÉRIKA**: (germánico) La que rige eternamente.
- **ERINA**: Variante de Ester.
- **ERLINDA**: Variante gráfica de Herlinda.
- **ERMELINDA**: (germánico) La dulce.
- **ERMENILDA**: (germánico) La que batalla con fuerza.
- **ERMINIA**: (germánico) Ganado mayor.
- **ERNA**: Variante de Irma.
- **ERNESTINA**: (germánico) Voluntad de vencer.
- **ERVINA**: (germánico) Amiga del ejército; amiga del honor.
- **ESCOLÁSTICA**: (latino) La que posee sabiduría y la transmite.
- **ESHE**: (egipcio) Vida.
- **ESMERALDA**: (latino) Brillante.
- **ESPERANZA**: (latino) La que espera un cambio para bien y da ánimos en la adversidad. Que confía en Dios.
- **ESTEFANÍA / STEFANÍA / STEPHANIE**: (griego) Bien coronada.
- **ESTELA**: (latino) La estrella. La estrella del alba.
- **ESTELINDA**: (teutón) La que es noble y protege al pueblo.
- **ESTER / ESTHER**: (hebreo) La estrella del alba.
- **ESTERINA**: (griego) La que es fuerte y vital.
- **ESTRELLA**: (latino) Equivale a Estela, Ester.

- **ETANA:** (hebreo) Forma femenina de Etan (fuerte y firme).
- **ÉTEL / ÉTHEL:** (anglosajón) La de estirpe noble.
- **ETELINDA:** (germánico) La noble que protege a su pueblo.
- **ETELVINA:** (anglosajón) Amiga de la noche.
- **EUDOSIA / EUDOXIA:** (griego) La afamada.
- **EUFEMIA:** (griego) Elocuente.
- **EUFRASIA:** (griego) Llena de alegría.
- **EUFROSINA:** Variante de Eufrasia.
- **EUGENIA:** (griego) Nacida noble. Forma femenina de Eugenio.
- **EULALIA:** (griego) La bien hablada; la elocuente.
- **EULOGIA:** (griego) Oradora distinguida. Forma femenina de Eulogio.
- **EUMELIA:** (griego) La de hermoso canto.
- **EUNICE:** (griego) Regalo hermoso.
- **EUNOMIA:** (griego) Buen orden. En la mitología, una hija de Temis, la Justicia.
- **EURÍDICE:** (griego) La que da el ejemplo por su justicia.
- **EUSEBIA:** (griego) Piadosa.
- **EUTROPIA:** (griego) La de buen comportamiento.
- **EVA:** (hebreo) La que da vida.
- **EVADNE:** (griego) Ninfa del agua.
- **EVANA:** Contracción de Eva y Ana.
- **EVANGELINA:** (griego) La que lleva la buena nueva.
- **EVARISTA:** (griego) Forma femenina de Evaristo (el excelente).
- **EVELIA:** (griego) Alegre, luminosa. Variante: Velia.
- **EVELINA:** (hebreo) Variante de Eva.
- **EVELYN:** (inglés) Variante de Evelina.
- **EVITA:** (español) Vida.
- **EVODIA:** (griego) Forma femenina de Evodio (el que siempre desea buen viaje).
- **EXALTACIÓN:** (latino) Glorificación.
- **EYÉN:** (americano - mapuche) Alba.

- **FABIA / FAVIA / FABIENNE:** (latino) La que cultiva habas.
- **FABIANA:** (latino) La cumplidora.
- **FABIOLA / FABIELA:** (latino) Forma femenina diminutiva de Fabio.
- **FABRICIA:** (latino) Forma femenina de Fabricio (el artesano, hijo de artesanos).
- **FACUNDA:** (latino) Forma femenina de Facundo (orador elocuente).
- **FAITH:** (latino) Confianza, fe.
- **FANNY:** (anglosajón) Diminutivo de Estefanía.
- **FANTASÍA:** (mitológico) Hija del Sueño.
- **FARA:** (persa) De una antigua ciudad mesopotámica.
- **FARIDE:** (árabe) Piedra preciosa.
- **FARISA:** (africano) La que brinda felicidad.
- **FÁTIMA:** (árabe) La que desteta a los niños.
- **FAUSTA:** (latino) La feliz, la dichosa.
- **FAUSTINA:** (latino) Benéfica.

- **FAVORINDA:** (latino) La favorita del Señor.
- **FAY:** (latino) Hada de los duendes.
- **FAYINA:** (ruso) Libre.
- **FAYRUZ:** (árabe) Turquesa.
- **FE:** (latino) Se refiere a la potestad espiritual de creer.
- **FEBE / FEBES:** (mitológico) Brillante.
- **FEBRONIA:** (latino) Purificada.
- **FEDERICA:** (germánico) Princesa de la paz.
- **FEDORA:** Forma femenina de Teodoro.
- **FEDRA:** (griego) La espléndida.
- **FELICIA / FELICÍSIMA / FELICITAS / FELISA:** Variantes de Felicidad.
- **FELICIDAD:** (latino) Alegría.
- **FELIPA:** (griego) Aficionada a los caballos. Forma femenina de Felipe.
- **FERMINA:** (latino) La de carácter constante.
- **FERNANDA:** (germánico) Valiente y audaz. Forma femenina de Fernando.

- **FERONIA:** (latino) Diosa del bosque y de los manantiales.
- **FIAMMA:** (italiano) Llama, fuego.
- **FIDELA / FIDELIA:** (latino) La que es fiel. Forma femenina de Fidel.
- **FILIA:** (mitológico) Significa "la amistad". Diosa grecorromana, representada como una mujer muy bella.
- **FILIS:** (griego) La que se adorna con hojas.
- **FILOMELA:** (griego) Aquella que es muy amada, muy requerida.
- **FILOMENA:** (griego) Ruiseñor.
- **FILOTEA:** (griego) La que ama a Dios.
- **FINA:** (latino) Delicada.
- **FINÉS:** (hebreo) La que tiene la palabra osada.
- **FIONA:** (celta) La que tiene lindos cabellos.
- **FIORELA / FIORELLA / FIORE / FIOREL:** (italiano) Florcita. Florecilla.
- **FLAMINIA:** (latino) Llama, fuego.
- **FLAVIA / FLAVIANA / FLAVINA:** (latino) De color amarillo, rubia.
- **FLOR:** (latino) Bella como una flor.
- **FLORA:** (mitológico) Esposa de Céfiro, reina de las flores y los jardines.

- **FLORENCIA / FLORENTINA:** (latino) La que da flores.
- **FLORIANA:** (latino) Forma femenina de Florián. La que es hermosa como una flor.
- **FLORICEL:** (latino) Variante de Flora.
- **FLORINDA:** (latino) Floreciente.
- **FOEBE:** Variante de Febe.
- **FOLA:** (africano) Referida al honor.
- **FONDA:** (español) Profunda, con buenas bases.
- **FORTUNATA / FORTUNA:** (latino) Afortunada.
- **FOSCA / FUSCA:** (latino) La de piel oscura.
- **FRANCA:** Variante de Francisca.
- **FRANCESCA:** (italiano) Variante de Francisca.
- **FRANCIA:** (latino) La tierra de los francos.
- **FRANCINE:** (inglés) Variante de Francisca.
- **FRANCISCA:** (germánico) Abanderada.
- **FREDEGUNDA:** (germánico) La luchadora por la paz.
- **FREDEL:** (americano - azteca) Tú para siempre.
- **FREDESVINDA:** (germánico) Que lleva la paz consigo.

- **FREYA / FREYRA:** (eslavo) Diosa del amor.
- **FRIDA:** (germánico) Portadora de la paz.
- **FRIEDA:** (escandinavo) Paz y alegría.
- **FRINÉ:** (griego) Muy valorada.
- **FRONDE:** (latino) Rama frondosa.
- **FULVIA:** (latino) La que tiene cabellos rojos.
- **FUSCIENNE / FUSCA:** (latino) Negro.

**G**

- **GABI**: Derivado de Gabriela.
- **GABINA**: (latino) La que es oriunda de Gabio (antigua ciudad cercana a Roma donde, según la mitología, fue criado Rómulo). Forma femenina de Gabino.
- **GABRIELA: (**hebreo) Trae el poder de Dios.
- **GAIA**: (griego) Madre Tierra.
- **GAIL**: (anglosajón) Alegre y feliz.
- **GAL**: (hebreo) Ola.
- **GALA**: (latino) Originaria de Galia.
- **GALATEA**: (mitológico) Fue una ninfa, hija de Nereo y Doris. Significa "blancura de leche".
- **GALENA**: (celta) Tranquila y calma.
- **GALI**: (hebreo) Fuente y manantial.
- **GALIA**: (latino) Tierra habitada por los galos.
- **GALINA**: (ruso) Brillante.
- **GALIT**: (hebreo) Pequeña ola.
- **GALYIA**: (hebreo) La recompensa de Dios.

- **GAMADA**: (africano) Feliz y satisfecha.
- **GANA**: (hebreo) Jardín.
- **GARDENIA**: (germánico) Alude a la flor de ese nombre.
- **GAUDENCIA**: (latino) La que está exultante, contenta.
- **GEA**: (griego) La Tierra.
- **GEMA / GEMMA**: (latino) Piedra preciosa.
- **GÉMINA**: (latino) La gemela.
- **GENARA**: (latino) La consagrada al dios Jano.
- **GENEROSA**: (latino) Noble de nacimiento.
- **GENOVEVA**: (celta) Rostro pálido.
- **GEORGIA / GEORGINA**: (anglosajón) Variante de Jorgelina.
- **GERALDINA / GERARDA**: (germánico) La que es audaz con la lanza.
- **GERALDINE**: (francés) Variante de Geraldina.
- **GERANIO**: (griego) Es hermosa como dicha flor.
- **GERDA**: (teutón) La que está bajo protección.

- **GERMANA:** (latino) La hermana.
- **GERTRUDIS:** (germánico) La que posee buen aroma.
- **GESSICA:** Variante italiana de Jessica.
- **GEVA:** (hebreo) Loma.
- **GHALIYA:** (árabe) De aroma dulce.
- **GIANCARLA:** Forma femenina de Giancarlo.
- **GIANELLA:** (italiano) Variante de Juanita.
- **GIANIRA:** (griego) Ninfa del mar.
- **GIANNA / GIOVANNA:** (italiano) Variante de Juana.
- **GIANNINA:** (italiano) Diminutivo de Juana.
- **GILANA:** (hebreo) La felicidad.
- **GILBERTA:** (germánico) Espada brillante en la batalla.
- **GILDA:** Variante gráfica de Hilda. Dispuesta al sacrificio.
- **GIMENA:** (hebreo) Porque Dios siempre escucha.
- **GINA:** (italiano) Variante de Eugenia y diminutivo italiano de Luisa.
- **GINEBRA:** (celta) Hermosa y blanca.
- **GINÉS:** (griego) La que engendra vida.

- **GINETTE:** Variante francesa de Juana.
- **GIOCONDA:** (latino) Alegre, festiva, jocunda.
- **GIOIA:** (italiano) La que juega.
- **GIORGIA:** (italiano) Variante de la forma femenina de Jorge.
- **GIOSEPPINA:** Variante italiana de Josefina.
- **GIOVANNA:** Variante italiana de Juana.
- **GISA:** (hebreo) Piedra grabada.
- **GISELA:** (germánico) Prenda de felicidad.
- **GISELE / GISELLE:** (francés) Variante de Gisela.
- **GIULIA:** (italiano) Variante de Julia.
- **GIULIANA:** (italiano) Variante de Juliana.
- **GIUNIA:** (latino) La nacida en junio.
- **GLADIS / GLADYS:** (celta) Variante de Claudia.
- **GLAUCO:** (griego) Bella como el verde mar.
- **GLENDA:** (irlandés) Valle estrecho y boscoso.
- **GLICERIA:** (griego) Amable.
- **GLORIA:** (latino) Fama.
- **GODOBERTA:** (germánico) El brillo de Dios.

- **GRACIA / GRACIANA:** (latino) La que tiene encanto.
- **GRACIELA:** (italiano) Diminutivo de Gracia.
- **GRATA:** (latino) La agradecida.
- **GRECIA:** (griego) La de nacionalidad griega.
- **GREGORIA / GREGORINA:** (latino) Vigila sobre la consagración.
- **GRETA:** (germánico) Diminutivo de Margarita.
- **GRETEL:** Variante de Greta.
- **GRISEL:** Forma reducida ·de Griselda.
- **GRISELDA:** (germánico) Heroína.

- **GUADALUPE:** (árabe) Valle de Lope, El lobo. Variantes: Lupe o Lupita.
- **GUILLERMINA:** (germánico) Voluntad protectora.
- **GUIOMAR:** (germánico) Famosa en el combate.
- **GUNDELINDA:** (germánico) Auxilio piadoso en la batalla.
- **GUNDENIA:** (germánico) La que lucha.
- **GURI:** (mitológico) En la mitología hindú, fue la diosa de la abundancia.

- **HADA:** (latino) Destino, sino.
- **HADASA / HADASSA:** (hebreo) El mirto.
- **HAIDÉ / HAYDÉE:** (griego) Recatada.
- **HAIZEA:** (vasco) Viento.
- **HALIMA:** (árabe) La que sufre pacientemente.
- **HEDA / HEIDI / HEIDY / HILDE:** (germánico) Doncella combatiente.
- **HEDDA:** (danés) La de la tierra.
- **HELDA:** (germánico) La batalladora.
- **HELENA:** Variante de Elena.
- **HELGA:** (sueco) Deriva del adjetivo helagher (feliz, santo). Variante de Olga: la sublime.
- **HELI:** Forma reducida de Heliana.
- **HELIA:** (hebreo) La que se ofrece a Dios.
- **HELIANA:** Variante gráfica de Eliana.
- **HELOÍSA:** Variante gráfica de Eloísa.
- **HELVECIA / HELVETIA:** (latino) Región del Imperio Romano correspondiente a la actual Suiza.

- **HELVIA:** (latino) De color amarillo.
- **HEMILCE:** Variante gráfica de Emilce.
- **HENEDINA:** (griego) Resplandeciente.
- **HERÁCLEA:** (griego) Gloria sacra.
- **HERMELINDA:** (germánico) La que tiene el escudo de la fuerza.
- **HERMENEGILDA:** (germánico) La que hace grandes regalos a Dios.
- **HERMILDA:** (germánico) La batalla de la fuerza.
- **HERMINDA:** (griego) La que anuncia.
- **HERMINIA:** (germánico) Consagrada a Dios. Variante: Irma.
- **HERMIONE:** (griego) La que anuncia.
- **HERSILIA / HERCILIA:** (griego) Tierna, gentil, delicada.
- **HERUNDINA:** (latino) Como una golondrina.
- **HIGINIA:** (griego) La que tiene y goza de buena salud. Forma femenina de Higinio.

- **HILARIA:** (latino) La que es festiva y alegre.
- **HILDA:** (germánico) La heroína. La que lucha con valor.
- **HILDEGARDA:** (germánico) La que vigila la acción en la batalla.
- **HILDEGUNDA:** (germánico) La heroína de la batalla.
- **HIPÓLITA:** (griego) La que desata sus caballos y se apresta para la lucha. Forma femenina de Hipólito.
- **HONORATA / HONORIA / HONORINA:** (latino) La que ha sido honrada.

- **HORTENSIA:** (latino) Cuidadora del huerto.
- **HUGOLINA:** (germánico) Forma femenina de Hugo. De pensamiento claro y gran inteligencia.
- **HUILEN / HULLEN:** (americano - araucano) La primavera.
- **HUMILIADA:** (latino) La que fue humillada.

- **IANINA:** (hebreo) Variante de Giannina.
- **IARA:** Variante gráfica de Yara.
- **IBERIA:** (latino) Forma femenina de Iberio. Natural de Iberia.
- **IBI:** (indígena) Tierra
- **ICIAR / IZIAR:** (vasco) Nombre de la Virgen María.
- **IDA:** (germánico) Mujer activa y trabajadora.
- **IDALIA:** (griego) Ver el sol.
- **IDALINA:** (germánico) Mujer esplendorosa.
- **IDARA:** (latino) Variante femenina de Álvaro. Mujer prevenida.
- **IDELIA:** (germánico) Noble.
- **IDUMEA:** (latino) Rojo.
- **IFIGENIA:** (griego) Mujer de raza fuerte.
- **IGNACIA:** (latino) La ardiente y fogosa. Forma femenina de Ignacio.
- **IGONE:** (vasco) Variante de Ascensión. Nombre evocador del misterio.
- **IGUÁZEL:** (aragonés) En honor a la Virgen de Santa María de Iguázel, ermita del siglo XI en el Pirineo aragonés (España).
- **ILDA / HILDA:** (teutón) Que lucha heroicamente.
- **ILDEGUNDA:** (germánico) La que combate en la lucha.
- **ILEANA / ILANA / ILIANA:** (rumano) Variante de Elena. La esplendente.
- **ILONA:** (búlgaro) Variante de Elena.
- **ILUMINADA:** (latino) La que tiene luz.
- **IMELDA:** (germánico) La que lucha con fortaleza.
- **IMÓGENES:** (griego) La que nació última.
- **IMPERIO:** (latino) La que tiene el mando, la que gobierna.
- **INALÉN:** (americano - mapuche) Estar cerca.
- **INDEMIRA:** (árabe) La que es huésped de la princesa.
- **INDIANA:** (latino) La que viene de la India.

- **INÉS:** (griego) Que es casta y pura.
- **INGRID:** (sueco) Hija.
- **INMACULADA:** (latino) La que no tiene mancha.
- **INTI:** (americano - incaico) Sol, nombre del ser supremo.
- **IOLE:** (griego) Violeta.
- **IONA:** (griego) La joya de color púrpura.
- **IRACEMA:** (tupí) El lugar de las abejas; el lugar de la miel.
- **IRAIDA:** (griego) Descendiente de la diosa Hera.
- **IRATI:** (navarro) Es el nombre de una selva de Navarra (España).
- **IRATZE:** (vasco) Helecho, rocío.
- **IRENE:** (griego) La pacificadora. La que ama la paz.
- **IRIEL:** (hebreo) Variante de Uriel. Dios es mi luz.
- **IRINA:** Variante de Irene.
- **IRIS:** (griego) Mensajera de los dioses. También significa "la de hermosos colores".
- **IRMA:** (germánico) La poderosa consagrada a Dios.
- **IRMINA:** (germánico) Variante de Irma.
- **IRUPÉ:** (americano - guaraní) Se refiere a la planta acuática del mismo nombre.

- **ISABEL:** (bíblico) Según la historia de la infancia de Jesús, era de la tribu de Aarón, y madre de Juan Bautista. Significa "Dios me lo ha prometido", o "la que ama a Dios".
- **ISABELA / ISABELLA:** (italiano) Variantes de Isabel.
- **ISADORA / ISANQUI:** Variantes de Isidora.
- **ISAURA:** (griego) La oriunda de Isauria, Asia.
- **ISBERGA:** (germánico) La que protege espada en mano.
- **ISELDA:** Variante de Griselda.
- **ISIDORA:** (griego) Forma femenina de Isidoro. La que recibe los dones de Isis, divinidad egipcia identificada con la Luna.
- **ISIS:** (egipcio) Divinidad identificada con la Luna. Diosa principal, madre y esposa.
- **ISMELDA:** (germánico) Que utiliza la espada en la lucha.
- **ISMENIA:** (griego) A la que se espera. Aquella cuya llegada produce alegría.
- **ISOLDA:** (celta) Guerrera poderosa.
- **ISOLINA / ISALDINA:** (italiano) Formas diminutivas de Isolda.
- **ISRAELA:** (hebreo) La antagonista del ángel.

- **ITALINA:** (italiano) Forma femenina de Ítalo. Oriunda de la tierra entre dos mares (Italia).
- **ITATAY:** (americano - guaraní) La campanilla.
- **ITATÍ:** (americano - guaraní) Referido a la virgen de Itatí.
- **ITSASO:** (vasco) Mar.

- **IVANA / IVANKA:** (ruso) Variantes de Juana.
- **IVERNA:** (latino) La que nació en invierno.
- **IVÓN:** Variante de Ivonne.
- **IVONNE:** (germánico) La arquera.

- **JABEL:** (hebreo) Arroyo que fluye.
- **JACINTA:** (griego) Bella como la flor del mismo nombre.
- **JACQUELINE / JACQUELINA:** (francés) Variantes de la forma femenina de Jacobo.
- **JAEL / YAEL:** (hebreo) La cabra del monte.
- **JAMILA / YAMILA:** (árabe) Linda, bella.
- **JANA:** (hebreo) De tanto esplendor como el sol.
- **JAVIERA:** (vasco) La que habita el nuevo solar.
- **JAZMÍN / YAZMÍN:** (persa) Flor fragante.
- **JEANNETTE:** (francés) Diminutivo de Juana.
- **JEMIMA / JEMINA:** (hebreo) Paloma.
- **JENARA:** (latino) Forma femenina de Jenaro. Consagrada al dios Jano.
- **JENIFER / JENNIFER:** (celta) De espíritu diáfano.

- **JERÓNIMA:** (griego) Forma femenina de Jerónimo. De nombre sagrado.
- **JERUSALÉN:** (hebreo) La visión de la paz.
- **JESABEL / JEZABEL / JABEL:** (hebreo) Juramento hecho a Dios.
- **JÉSICA / JÉSSICA / JESSIE:** (eslavo) Hija de Jessa (el más antiguo dios de la mitología eslava).
- **JESUSA:** (hebreo) Forma femenina de Jesús (el Salvador, el redentor de los hombres).
- **JEZABEL:** (hebreo) El juramento de Dios.
- **JIMENA:** (hebreo) Variante femenina de Simeón.
- **JOANA / JOHANA:** Variantes de Juana.
- **JOAQUINA:** (hebreo) La firmeza de su vida la recibe de Dios.
- **JOCELYN / JOCELÍN / JOCELYN / JOSELÍN:** (latino) La que es muy bella.
- **JOELA:** (hebreo) Dios es su señor.

- **JOHANNA / JOANA:** (sajón) Variantes de Juana.
- **JORDANA:** (hebreo) La que desciende.
- **JORGELINA / GEORGIA / GEORGINA:** (griego) La mujer del agro, la campesina.
- **JOSEFA:** (hebreo) Forma femenina de José.
- **JOSEFINA / JOSELINA:** Variantes de Josefa.
- **JOVA / JOVITA:** (latino) Relativa a Júpiter.
- **JOYCE / JOY:** (latino) Llena de alegría.
- **JUANA / JUANITA:** (hebreo) Poseedora de la gracia de Dios.
- **JUCUNDA:** (latino) La que alegra, la que divierte.
- **JUDIT / JUDITH:** (hebreo) Alabanza de Dios.
- **JULIA:** (latino) Cristiana de Roma.
- **JULIANA / LIANA:** (latino) La del cabello crespo.
- **JULIETA:** Variante de Julia.
- **JUNO:** (latino) La juvenil.
- **JUSTA / JUSTINA:** (latino) Que vive de acuerdo con la ley.
- **JUSTINE:** (inglés) Variante de Justina.
- **JUVENCIA / JUVENTINA:** (latino) La juventud.

- **KALID:** (árabe) Que es inmortal.
- **KAREN / KAREM / KARIN / KARIM:** (danés) Pura.
- **KARINA:** Variante gráfica de Carina.
- **KARITTE:** (vasco) Variante de Caridad.
- **KATERINA / KATHARINA:** Variantes gráficas de Caterina.
- **KATHERINE:** (inglés) Variante de Catalina.
- **KATIA / KATYA:** (ruso) Pura.
- **KAY:** (inglés) Diminutivo de Katherine.

- **KEILA:** (griego) La bella.
- **KIARA:** (celta) Pequeña y oscura.
- **KIM:** (anglosajón) Jefa.
- **KINESBURGA:** (anglosajón) Fortaleza real.
- **KIPA:** (indígena) Niña.
- **KORE:** (griego) La joven.
- **KRIN:** (indígena) Estrella.
- **KRISTENE:** (alemán) Variante de Cristina.
- **KUYEN:** (americano - mapuche) Luna.

- **LABIBE:** (árabe) La amada, la señora.
- **LAELIA:** (romano) La que es locuaz.
- **LAILA:** (árabe) La noche.
- **LAIS:** (griego) La que es popular, la amable con todos.
- **LALA:** (griego) La elocuente.
- **LANDRADA:** (germánico) Consejera en su pueblo.
- **LAODAMIA:** (griego) La que domina su pueblo.
- **LAODICEA:** (griego) Que imparte justicia a su pueblo.
- **LARA:** (latino) Ninfa que fue madre de los hijos mellizos de Mercurio.
- **LARISA:** (griego) Nombre de una ciudad de Grecia.
- **LAURA:** (latino) La victoriosa, la vencedora.
- **LAURANA / LAUREANA:** (latino) Relativo al laurel.
- **LAURENCIA / LAURINDA:** Variantes de Laurana.
- **LAVINIA / LAVIANA:** (latino) Hija de Amata y del rey Latino.
- **LAYLA:** Variante gráfica de Laila.
- **LEA:** (hebreo) Variante de Lía. La que tiene fatiga.
- **LEANDRA:** (griego) Forma femenina de Leandro (hombre paciente en sus adversidades y sufrimientos).
- **LEDA:** (griego) Señora, dama.
- **LEILA:** (árabe) Hermosa como la noche.
- **LELIA / LELICA:** (latino) La conversadora.
- **LENA:** (italiano) Variante de Magdalena.
- **LEOCADIA:** (griego) La que irradia luz por su blancura.
- **LEOCRICIA:** (griego) La que juzga bien a su pueblo.
- **LEODEGUNDA:** (germánico) La que combate por su pueblo.
- **LEONA:** (latino) Forma femenina de León (referido a la realeza y bravura del rey de la selva).
- **LEONARDA:** (latino) Que es fuerte y brava como un león.

- **LEONELA / LEONILA:** Variantes de Leda.
- **LEONILDA:** (germánico) La luchadora.
- **LEONOR:** (griego) Variante de Leonora.
- **LEONORA:** (griego) La que es compasiva desde su fortaleza.
- **LEONTINA:** (germano) Forma femenina de Leontino (fuerte como un león).
- **LEOPOLDA:** (germánico) Valiosa para el pueblo, patriota.
- **LEOPOLDINA:** Variante de Leopolda.
- **LESBIA:** (griego) Originaria de Lesbos, isla griega.
- **LETICIA:** (latino) Alegría. Variante y diminutivo: Lety.
- **LÍA:** (hebreo) Cansada, lánguida.
- **LIANA:** Variante de Juliana.
- **LIBE:** (germánico) Amor.
- **LÍBERA:** (latino) La que otorga abundancia.
- **LIBERATA:** (latino) Forma femenina de Liberato. La que ama la libertad.
- **LIBERTAD:** (latino) La libertad.
- **LIBIA:** (latino) Que viene del desierto.
- **LIBITINA:** (latino) A la que se quiere, la que agrada a todos.
- **LIBNA:** (latino) La blancura.
- **LIBORIA:** (latino) La que nació en Libor (nombre de varias ciudades antiguas de España y Portugal).
- **LIBRADA:** (latino) Que ama la libertad.
- **LICAN:** (americano - mapuche) Piedra de pedernal.
- **LICIA:** (latino) Natural de Licia, antiguo país de Asia.
- **LIDA:** (griego) Nombre de una ciudad antigua.
- **LIDA:** Variante de Lidia.
- **LIDIA / LIDYA:** (latino) Lucha, combate.
- **LIDUV:** (bíblico) Vendedora de tela de púrpura. Mujer piadosa que se hizo bautizar y alojó en su casa a Pablo y a Silas.
- **LIEN:** (americano - araucano) Plata.
- **LIGIA:** (griego) La sirena.
- **LIL:** (americano - araucano) Peñasco.
- **LILA:** (persa) Azulado.
- **LILIA:** (latino) Llena de pureza como un lirio.
- **LILIAN:** Variante de Lilia.
- **LILIANA:** Contracción de Lilia y Ana.
- **LINA:** Forma femenina de Lino (cristiano de Roma).

- **LINDA:** (germánico) Flexible y tenaz. Variante de Teodolinda, Belinda, Gundelinda.
- **LIOBA:** (germánico) Amable, dilecta.
- **LIONELA:** (griego) Forma femenina de Lionel (leoncito).
- **LIRIA:** (latino) La que es como un lirio.
- **LIS:** (latino) Bella como un lirio.
- **LISA:** (latino) Piedra con la que se alisa el papel.
- **LISANDRA:** (griego) Forma femenina de Lisandro (libertador de hombres).
- **LITA:** Variante de Margarita.
- **LIVIA:** (latino) De color oliva.
- **LIZA:** Variante de Lisa.
- **LOÍDA:** (griego) Ejemplo de fe y piedad.
- **LOLA:** Diminutivo de Dolores.
- **LOREA:** (vasco) Flor.
- **LOREANA:** (latino) Natural de Lorena.
- **LORELEY:** (germánico) Nombre de una alta roca sobre el Rhin, origen de muchas leyendas.
- **LORENA:** (francés) Derivado de Lorraine, región de Francia.
- **LORENZA:** (latino) Relativa al laurel.
- **LORETA:** Variante de Loreto.
- **LORETO:** (latino) Hermosa como un bosque de laureles; también advocación a la virgen del mismo. Debe acompañarse con otro nombre que indique sexo.
- **LOURDES:** (religioso) En referencia a la advocación de la virgen María.
- **LUCELIA:** Contracción de Luz y Celia.
- **LUCERITO:** (latino) La que da luz.
- **LUCERO:** (latino) La que lleva la luz.
- **LUCIA:** Forma femenina de Lucio (ver "Lucas").
- **LUCÍA:** (latino) Luz.
- **LUCIANA / LUCILA:** Variantes de Lucía.
- **LUCINA:** (mitológico) Diosa romana de los partos. La que ayuda a dar a luz.
- **LUCRECIA:** (latino) Que trae ganancias. También pura, casta.
- **LUCY:** (inglés) Variante de Lucía.
- **LUDMILA:** (eslavo) Amada por su pueblo.
- **LUDOVICA:** (germánico) La guerrera famosa, amiga de la gente.
- **LUISA:** (germánico) Afamada en la lucha.

- **LUISINA:** Variante de Luisa.
- **LUJÁN:** (religioso) En referencia a la advocación de la Virgen María. Debe acompañarse con otro nombre que indique sexo.
- **LUPE:** (árabe) Forma reducida de Guadalupe. La que viene del valle del lobo.

- **LUTGARDA:** (germánico) La que protege a su pueblo.
- **LUZ:** (latino) Luz. Que hace ver.
- **LYDIA:** Variante gráfica de Lidia.

- **MABEL:** (latino) Adorable, amigable.

- **MACARENA:** (religioso) Advocación sevillana de la Virgen María.

- **MACARIA:** (griego) Según la mitología, hija de Heracles y de Deyanira.

- **MACIELA:** (latino) Forma femenina de Maciel (delgadito, esquelético, muy flaco).

- **MACRA:** (griego) La que engrandece.

- **MADELAINE:** (francés) Variante de Magdalena.

- **MAFALDA:** Variante de Matilde.

- **MAGALÍ:** Variante provenzal de Margarita.

- **MAGDA:** Variante de Magdalena.

- **MAGDALENA:** (hebreo) La magnífica habitante del Torreón.

- **MAGNOLIA:** (francés) Linda como dicha flor.

- **MAIA:** (griego) La del instinto maternal.

- **MAIALEN:** (vasco) Es un derivado del compuesto hebreo Migda-El, y su significado es "Torre de Dios".

- **MAIDA:** Variante de Magdalena.

- **MAILÉN:** (americano - mapuche) Mujer.

- **MAIRA:** (latino) Maravillosa.

- **MAITANE:** (vasco) Amada.

- **MAITE:** (vasco) Amada. Formación de María con Teresa.

- **MAITENA:** Variante de Maite.

- **MALENA:** Diminutivo de Magdalena; también contracción de María y Elena.

- **MALISA:** Contracción de María y Elisa. Algunos autores lo dan como variante de Melisa.

- **MALVA:** (latino) De color blanco.

- **MALVINA:** (germánico) Amiga de la justicia.

- **MANILA:** (latino) La de manos pequeñas.

- **MANÓN:** (francés) Variante de María.

- **MANUELA:** (hebreo) Forma femenina de Manuel (Dios está entre nosotros).

- **MARA:** (hebreo) Amargura.
- **MARCELA:** (latino) La que maneja el martillo.
- **MARCELINA:** Variante de Marcela.
- **MARCIA:** (latino) La consagrada al dios Marte.
- **MARCIANA:** Variante de Marcia.
- **MARGA:** Variante de Margarita.
- **MARGARITA / MARGOT / GRETA / GRETEL / RITA:** (latino) Que es valiosa como las perlas.
- **MARÍA / MARIAN / MARIETA / MANON:** (hebreo) La señora excelsa; la elegida; la estrella de mar.
- **MARIANA:** (latino) Consagrada o perteneciente a la Virgen María. Contracción de María y Ana.
- **MARIANELA:** (latino) Contracción de Mariana y Estela.
- **MARIÁNGELES:** Contracción de María y Ángeles.
- **MARIBEL:** Contracción de María e Isabel.
- **MARICEL:** Contracción de María y Celia.
- **MARICRUZ:** Contracción de María y Cruz.
- **MARIEL:** Variante de Marlene.
- **MARIELA:** Variante de Marlene.
- **MARILDA:** (germánico) Famosa, ilustre.
- **MARILENA:** Contracción de María y Elena.
- **MARILINA:** Contracción de María y Celina.
- **MARILÚ:** Contracción de María y Luz.
- **MARILYN:** Variante de Marilina.
- **MARINA:** (latino) La que ama el mar.
- **MARINE:** (francés) Variante de Marina.
- **MARIÓN:** Variante de María.
- **MARISA:** Contracción de María Luisa.
- **MARISABEL:** Contracción de María e Isabel.
- **MARISEL:** Contracción de María e Isabel.
- **MARISELA:** Contracción de María y Celia.
- **MARISOL:** Contracción de María del Sol.
- **MARITÉ:** Contracción de María Teresa.
- **MARLENE:** Contracción alemana de Marie y Helene.
- **MARTA / MARTHA:** (hebreo) La que reina en el hogar.
- **MARTINA:** (latino) La que fue consagrada al dios Marte.
- **MATILDE / MATILDA:** (germánico) Virgen con poder en la batalla.

- **MATRONA:** (latino) Deriva de "mater", madre.
- **MAURA:** (latino) La de piel oscura. La mora.
- **MÁXIMA:** (latino) Superlativo de grande.
- **MAXIMILIANA / MAXIMINA:** Variantes de Máxima.
- **MAYA:** (hindú) Ilusión.
- **MAYRA:** (latino) Maravillosa.
- **MAYTE:** Contracción de María y Teresa.
- **MEDEA:** (griego) En la mitología, hechicera.
- **MEDUSA:** (mitológico) Una de las Gorgonas, con cabellera de serpientes. Tenía el poder de petrificar con la mirada.
- **MELANIA:** (griego) De piel negra.
- **MELANIE / MELANY:** (inglés) Variantes de Melania.
- **MELBA:** (inglés) Riachuelo.
- **MELIBEA:** (griego) Aquella que cuida el ganado.
- **MELINA:** (griego) La dulce doncella.
- **MELINDA:** (griego) Que canta amorosamente.
- **MELISA:** (griego) Miel de abeja.
- **MELITONA:** (griego) La que nació en Malta.

- **MELUSINA:** (griego) Dulce como la miel.
- **MENODORA:** (griego) Regalo de la luna.
- **MERCEDES:** (latino) Libertadora de la esclavitud.
- **MERCURIA:** (latino) Forma femenina de Mercurio (Dios del comercio).
- **MEREDITH:** (galés) Guardiana del mar.
- **MERLE:** (latino) Mirlo.
- **MERLINA:** (mitológico) Forma femenina de Merlín (hechicero celta, protector del rey Arturo).
- **MESALINA:** (latino) "La del medio".
- **MICAELA:** Forma femenina de Miguel.
- **MICOL:** (hebreo) La reina.
- **MICHELLE:** Forma francesa de Micaela.
- **MIGUELINA:** Variante de Micaela.
- **MILAGROS:** (latino) Advocación de la virgen Nuestra Señora de los Milagros.
- **MILBA / MILVA / MELBA:** Variantes de Milburga.
- **MILBURGA:** (germánico) Amable protectora.
- **MILCA / MICOL:** (hebreo) Reina.
- **MILDRED:** (germánico) La gentil consejera.

- **MILDREDA:** (germánico) De palabra amable.
- **MILENA:** Variante de Magdalena.
- **MILENKA:** Variante eslava de Milena.
- **MILKA:** (yugoslavo) Amor constante.
- **MILWIDA:** (germánico) Habitante del bosque.
- **MINERVA:** (latino) La llena de sabiduría.
- **MIRA:** (latino) La maravillosa.
- **MIRANDA:** (latino) Maravillosa, admirable.
- **MIREYA:** (provenzal) Poética.
- **MIRIAM / MYRIAM:** (hebreo) Equivalente a María.
- **MIRINDA:** (latino) Variante de Miranda.
- **MIRNA / MYRNA:** (griego) Dolorosa, pesarosa.
- **MIRTA / MIRTHA:** (griego) Corona de belleza.
- **MIRZA:** (persa) La señora.

- **MITRA:** (persa) La que pactó con Dios.
- **MITZI:** (vienés) Variante de María.
- **MODESTA:** (latino) La que es humilde.
- **MOIRA:** (griego) "La porción designada".
- **MONA:** (irlandés) Mujer noble.
- **MÓNICA:** (griego) La que ama estar sola.
- **MONSERRAT:** (religioso) Advocación catalana de la Virgen María.
- **MORA:** (latino) La de piel oscura.
- **MORGANA:** (mitológico) Hada madre del rey Arturo.
- **MUNIRA:** (árabe) La que es fuente de luz.
- **MURIEL:** (irlandés) Brillante como el mar.
- **MYRNA:** (griego) Que tiene la suavidad del buen perfume.

- **NADIA:** (eslavo) Variante de Esperanza.
- **NADINA / NADINE:** Variantes de Nadia.
- **NAHÍR:** (árabe) Como el arroyo manso.
- **NAHUE:** (americano - mapuche) El tigre.
- **NAIN / NAIM:** (árabe) Que tiene gran belleza.
- **NAIS:** Variante de Inés.
- **NANÁ:** (griego) Jovencita, niña.
- **NANCY:** (inglés) Diminutivo de Ana.
- **NANTILDE:** (germánico) La que es osada en el combate.
- **NAOMI:** Variante de Noemí.
- **NARCISA:** Forma femenina de Narciso, el personaje mitológico, que significa "bello".
- **NATACHA:** (latino) Nacida en Navidad.
- **NATALI:** Variante de Natalia.
- **NATALIA / NATHALIA:** (latino) La que nació en Navidad.
- **NATALIE / NATHALIE / NATALY:** (inglés) Variantes de Natalia.
- **NATASHA:** (ruso) Variante de Natacha.
- **NATIVIDAD:** (latino) Navidad.
- **NAYLA:** (árabe) La que tiene grandes ojos.
- **NAZARENA:** (hebreo) Brote florecido.
- **NAZARET:** (hebreo) Brote florecido. Debe acompañarse con otro nombre que indique sexo.
- **NAZARIA:** (hebreo) Consagrada a Dios.
- **NEFTALÍ:** (hebreo) La que lucha y sale victoriosa.
- **NÉLIDA:** (inglés) Viene de Eleonor, transformado en Nelly. Compasiva, llena de misericordia.
- **NELLY:** Corresponde a Eleonor. Diminutivo de Nélida.
- **NEMESIA:** (griego) La que hace justicia distribuyendo los bienes.
- **NEOMISIA:** (griego) La que odia las novedades.
- **NEREA:** (griego) Forma femenina de Nereo. Que manda en el mar.

- **NEREIDA:** (griego) Una de las ninfas del mar, amante de los ríos y los lagos.
- **NERINA:** (latino) La que viene de Umbría.
- **NICOLASA:** (griego) La que condujo el pueblo a la victoria. Vencedora.
- **NICOLE:** (francés) Variante de Nicolasa.
- **NICOLETA:** (italiano) Variante de Nicolasa.
- **NIDIA:** (latino) Perteneciente al nido.
- **NIEVES:** (latino) Advocación a la virgen del mismo nombre.
- **NILDA:** Abreviatura de Brunilda.
- **NIMIA:** (latino) La que tiene ambición.
- **NINA:** (italiano) Diminutivo de nombres compuestos, formados a partir de Ana (ejemplo: Giovana / Giovanina).
- **NINFA:** (griego) Joven esposa.
- **NINFODORA:** (griego) El regalo de las ninfas.
- **NINÓN:** (francés) Variante de Ana.
- **NIOBE:** (griego) La que rejuvenece.
- **NOE:** (hebreo) El que ha recibido a Dios. Debe acompañarse con otro nombre que indique sexo.

- **NOEL:** Variante de Natalia. Debe acompañarse con otro nombre que indique sexo.
- **NOELIA:** Variante de Natalia.
- **NOELY:** (inglés) Variante de Noelia.
- **NOEMÍ:** (hebreo) Agradable para mí. Mi dulce placer, mi delicia, mi encanto.
- **NOMINANDA:** (latino) La que será elegida.
- **NORA:** Abreviación de Leonora.
- **NORBERTA:** (germánico) El resplandor del Norte.
- **NORMA:** (latina) Regla, norma.
- **NOTBURGA:** (germánico) La que viene de la ciudad del Norte.
- **NUBIA:** (latino) Nube.
- **NUMERIA:** (latino) La que elabora, la que enumera.
- **NUNCIA:** Variante de Anunciada.
- **NURIA:** (catalán) Advocación de la Virgen María.
- **ÑAMBI:** (americano - guaraní) Hierba curativa.
- **ÑECA:** (italiano) Derivado de nombres terminados en "nia", como Herminia o Virginia.

- **OBDULIA:** (latino) La que evita penas y dolores.
- **OCTAVIA:** (latino) La octava hija de una familia.
- **ODA:** (germánico) La que es dueña de cuantiosos bienes.
- **ODILA / ODILIA:** Diminutivo de Oda.
- **OFELIA:** (griego) La que viene en socorro, la ayuda caritativa.
- **OLALLA:** (catalán) La que bien habla. Variante de Eulalia.
- **OLAYA:** Variante gráfica de Olalla.
- **OLGA:** (eslavo) La más sublime.
- **OLILIA:** (latino) La que trae la paz. Derivado de Olivia.
- **OLIMPIA:** (griego) Fiesta, cielo.
- **OLINA:** (germánico) La que protege la propiedad.
- **OLINDA:** (germánico) Protectora de la propiedad.
- **OLIVA:** Variante de Olivia.
- **OLIVIA:** (latino) Planta de la paz.
- **ONA:** (hebreo) Abreviatura de Mariona, variante de María.
- **ONDINA:** (latino) Espíritu del agua.

- **ORALIA:** (latino) Soplo, brisa, efluvio.
- **ORFILIA:** (germánico) La mujer lobo.
- **ORIA:** (latino) Tan valiosa como el oro.
- **ORIANA:** (latino) Contracción de Oria y Ana.
- **ORNELA:** (latino) La que es adornada.
- **ORNELLA:** Variante gráfica de Ornela.
- **ORQUÍDEA:** (latino) Hermosa como la flor.
- **OSANNA:** (hebreo) Grito de "¡Ah, viva!".
- **OTILDE:** (germánico) La que es dueña de muchos bienes.
- **OTILIA:** (germánico) Variante de Odila.
- **OVIDIA:** (latino) Forma femenina de Ovidio. La que cuida las ovejas.
- **OZA:** (hebreo) Fuerte como un roble.
- **OZANA:** Variante gráfica de Osanna.

- **PALACIADA:** (griego) La de la mansión suntuosa.
- **PALADIA:** (griego) Protegida de la diosa Palas Atenea.
- **PALIXENA:** (griego) La que retorna del extranjero.
- **PALMA:** (latino) Que simboliza la victoria.
- **PALMIRA:** (latino) Oriunda de la ciudad de las palmeras.
- **PALOMA:** (latino) Pichón salvaje.
- **PAMELA:** (griego) Aficionada al canto. Amante de la belleza.
- **PANAMBI:** (americano - guaraní) Mariposa.
- **PANCRACIA:** (griego) Forma femenina de Pancracio. Que tiene todo el poder.
- **PANDORA:** (griego) Según la mitología, fue la primera mujer sobre la faz de la Tierra. Significa "la que tiene todos los dones".
- **PAOLA / PAULA / POLA:** (latino) Forma femenina de Pablo. Mujer de baja estatura.
- **PARCA:** (griego) Según la mitología, divinidad que tenía en sus manos los hilos que simbolizaban las vidas de los hombres.
- **PARTENIA:** (griego) La que es pura como una virgen.
- **PARTENOPE:** (griego) De aspecto puro y virginal.
- **PASCASIA:** Variante de Pascua.
- **PASCUA / PASCUALINA:** (hebreo) Referida a esta conmemoración religiosa. Sacrificio de un pueblo.
- **PASTORA:** (hebreo) La que apacenta rebaños.
- **PATRICIA:** (latino) La de noble estirpe.
- **PAULA:** (latino) De baja estatura.
- **PAULINA:** Diminutivo de Paula.
- **PAUN:** (indígena) Nube.
- **PAZ:** (latino) Advocación de la Virgen María.
- **PENÉLOPE:** (mitológico) Ulises la escogió como esposa por su gran belleza y talento.
- **PERLA:** (latino) Preciosa, exquisita, corresponde al griego Margarita.

- **PERPETUA:** (latino) La que siempre es fiel.
- **PERSEVERANDA:** (latino) La que persevera en el buen camino.
- **PETRA:** (latino) Piedra.
- **PETRONA:** (latino) Derivado de Petronio, del latín "petronius".
- **PETRONILA:** Variante de Petrona.
- **PÍA:** (latino) Que observa las reglas y ritos religiosos.
- **PIEDAD:** (latino) Advocación de la Virgen María.
- **PILAR:** (castellano) Advocación de la Virgen María.
- **PILMAYQUEN:** (americano - araucano) Golondrina.
- **PIMPINELA:** (latino) La tornadiza.
- **PIREN:** (americano - mapuche) Nieve. Debe acompañarse con otro nombre que indique sexo.
- **PIRO:** (mapuche) Nieves.
- **PIRRA:** (mitológico) Hija de Epimeteo y Pandora.
- **PIUQUE:** (americano - araucano) Corazón. Debe acompañarse con otro nombre que indique sexo.
- **PIUQUÉN:** (americano - araucano) Corazón. Debe acompañarse con otro nombre que indique sexo.
- **PLÁCIDA:** (latino) Mujer tranquila, sosegada.
- **POLIDORA:** (mitológico) Una de las Oceánides, cuyo significado es "la que da muchos dones".
- **POLIMNIA:** (griego) La que canta himnos a los dioses.
- **POLIXENA:** (griego) La hospitalaria.
- **POLONIA:** (latino) Variante y femenino de Apolinar (consagrado al Dios Apolo).
- **POMONA:** (griego) La que da frutos.
- **POMPOSA:** (latino) La que gusta de la grandeza y de la pompa.
- **POPEA:** (griego) Derivado de Papías.
- **PORCIA:** (latino) La que se dedica a criar cerdos.
- **POTAMIA:** (griego) La del río.
- **POTENCIANA:** (latino) La que tiene fuerza.
- **PRÁXEDES:** (latino) La que es activa, emprendedora.
- **PRECIOSA:** (latino) De gran valor y estima.
- **PRESENTACIÓN:** (latino) La que se presenta o manifiesta.
- **PRIMAVERA:** (latino) De mucho vigor, lozana.
- **PRIMITIVA:** (latino) La primera.
- **PRINCESA:** (latino) La principal.
- **PRISCA:** (latino) La anciana, la que es respetable.

- **PRISCA:** (italiano) Virgen mártir de Italia.
- **PRISCILA:** (latino) Forma femenina de Prisco (el antiguo, de otra época).
- **PROBA:** (latino) La de conducta intachable.
- **PROSDOCIA:** (griego) La que es esperada.
- **PROSERPINA:** (latino) Según la mitología, hija de Europa, la diosa de los cultivos para los romanos.
- **PROSPERINA:** (griego) La que tiene deseo de aniquilar.

- **PRUDENCIA:** (latino) La que es prudente, la que tiene pericia y sabiduría.
- **PRUDENCIANA:** Variante de Prudencia.
- **PUBLIA:** (latino) La que pertenece al pueblo.
- **PULQUERIA:** (latino) La hermosa.
- **PURA:** Deriva de Purísima en honor a la Virgen.
- **PURIFICACIÓN:** Referida a la purificación de la Virgen María.

- **QUEILÁ:** (hebreo) Ciudad fortificada de la tribu de Judá.
- **QUERÉN:** (hebreo) La tercera hija de Job.
- **QUERIMA:** (árabe) La generosa.
- **QUERUBINA:** Forma femenina de Querubín (el becerro alado, fuerte y poderoso).
- **QUESÍAS:** (hebreo) La segunda hija de Job.
- **QUILLÉN:** (americano - araucano) La lágrima. Debe acompañarse con otro nombre que indique sexo.

- **QUINTA:** (latino) La quinta hija de una familia.
- **QUIONIA:** (griego) La que es fecunda.
- **QUIRINA:** (latino) Forma femenina de Quirino. La que lleva la lanza.
- **QUITERIA:** (griego) Natural de Grecia.

- **RACHA:** (árabe) Esperanza.
- **RACHEL:** (inglés) Variante de Raquel.
- **RADEGUNDA:** (germánico) La que aconseja en la lucha.
- **RAFAELA / RAPHAELA:** (hebreo) La medicina divina.
- **RAINGARDA:** (germánico) La defensora.
- **RAMONA:** (germánico) La protectora que da buenos consejos. Forma femenina de Ramón.
- **RAQUEL:** (hebreo) La pequeña oveja de Dios.
- **RAQUILDIS:** (germánico) La princesa combatiente.
- **RATRUDIS:** (germánico) La consejera fiel.
- **RAULINA:** (francés) Atrevida en la guerra.
- **RAYÉN:** (americano - araucano) La flor.
- **REBECA:** (hebreo) La de belleza embriagadora.
- **REDENTA:** (latino) La que fue redimida por Dios.

- **REGINA:** (latino) La reina.
- **REINA:** Variante de Regina.
- **RELINDA:** (germánico) La princesa bondadosa.
- **REMEDIOS:** (latino) Alivio, curación.
- **RENATA:** (latino) Renacida.
- **RENÉE:** (francés) Variante de Renata.
- **RESFA:** (hebreo) Como una llama.
- **RESTITUTA:** (latino) La que fue restituida por Dios.
- **REVOCATA:** (latino) Llamada a la gracia de Dios.
- **RICARDA:** (germánico) La que es muy poderosa. Forma femenina de Ricardo.
- **RIGEL:** (árabe) Estrella más brillante en el cielo.
- **RINA:** (germánico) Que posee el don divino.
- **RITA:** Diminutivo de Margarita. Preciosa como las perlas.
- **ROBERTA:** (germánico) La que dice sabias palabras.

- **ROBERTINA:** (italiano) Diminutivo de Roberta.
- **ROCÍO:** (latino) Alusión a la Virgen del Rocío.
- **ROCHELY:** (latino) Diosa de la tierra.
- **ROLANDA:** (germánico) La orgullosa de su tierra.
- **ROMA:** (griego) La fuerte y poderosa.
- **ROMANA:** (latino) La que vive en Roma.
- **ROMANELA:** Variante de Romana.
- **ROMILDA:** (germánico) El combate de la fama. La gloriosa heroína.
- **ROMINA:** (árabe) Oriunda de la tierra de cristianos.
- **RÓMULA:** (griego) La de gran fuerza.
- **ROQUINA:** (latino) La que es como una roca.
- **ROSA:** (latino) Por extensión, la belleza de esta flor.
- **ROSALBA:** Rosa blanca. Contracción de Rosa y Alba.
- **ROSALÍA:** Contracción de Rosa y Lía.
- **ROSALINDA:** (germánico) El escudo de la fama. Hermosa como una rosa.
- **ROSAMUNDA:** (germánico) Protectora de los caballos.
- **ROSANA:** Contracción de Rosa y Ana.
- **ROSÁNGELA:** Contracción de Rosa y Ángela.
- **ROSARIO:** (latino) Guirnalda de rosas.
- **ROSAURA:** (latino) Rosa de oro.
- **ROSENDA:** (germánico) Forma femenina de Rosendo (señor sin par).
- **ROSIBÉRICA:** (español) La rosa de Iberia.
- **ROSICLER:** (francés) Contracción de Rosa y Clara.
- **ROSILDA:** (germánico) La guerrera a caballo.
- **ROSINA:** Variante de Rosa.
- **ROSINDA:** (germánico) Famosa guerrera.
- **ROSMARÍ:** (francés) Variante de María Rosa.
- **ROSMIRA:** (germánico) Célebre guerrera a caballo.
- **ROSWINDA:** (germánico) Guerrera muy famosa.
- **ROTRAUDA:** (germánico) La célebre consejera.
- **ROXANA:** (persa) Alba, aurora.
- **RUBÍ:** (latino) Rojo. Con relación a la piedra preciosa.

- **RUBINA:** (latino) Bella como el rubí.
- **RUFINA:** (latino) La del cabello rojo.
- **RÚSTICA:** (latino) La que vive en el campo y cultiva la tierra.

- **RUT / RUTH:** (hebreo) Belleza, visión de belleza, la fiel compañera.
- **RUTILDA:** (germánico) Fuerte por su fama.

- **SABELI:** Variante de Sabina.
- **SABINA:** (latino) La que vino de Sabina, antigua región de Italia. Forma femenina de Sabino.
- **SABRINA:** (anglosajón) Princesa.
- **SÁFIRA:** (hebreo) Bella como un zafiro.
- **SAFO:** (latino) La de aguda vista. Ve con claridad.
- **SALABERGA:** (germánico) La que defiende el sacrificio.
- **SALOMÉ:** (hebreo) Forma femenina de Salomón. La princesa pacífica.
- **SALVADORA:** (latino) La redentora.
- **SALVIA:** (latino) Forma femenina de Salvio. Saludable, íntegra.
- **SALVIANA / SALVINA:** Contracción de Salvia y Ana.
- **SAMANTA O SAMANTHA:** (arameo) La que sabe escuchar.
- **SAMARA:** (hebreo) La que cuida.
- **SANCHA:** (latino) Consagrada a la divinidad.
- **SANDRA:** (italiano) Variante de Alejandra.

- **SANTA:** (latino) Mujer sagrada.
- **SANTINA:** Diminutivo de Santa.
- **SARA / SARAH:** (hebreo) Princesa.
- **SASHA:** (griego) La que es protectora.
- **SASKIA:** (germánico) La que porta un cuchillo.
- **SATURIA:** (latino) Que se encuentra en la abundancia.
- **SATURNINA:** (latino) La que tiene de todo.
- **SAVERIA:** (teutón) Forma femenina de Saverio (variante italiana de Javier).
- **SEBASTIANA:** (griego) Venerable, con majestad.
- **SECUNDINA:** Variante de Segunda.
- **SÉFORA:** (hebreo) Como un pájaro pequeño.
- **SEGISMUNDA:** (germánico) La protectora victoriosa.
- **SEGUNDA / SECUNDA:** (latino) La segunda hija de una familia.
- **SELENA / SELENE:** (griego) La diosa de la Luna.

- **SELENIA / SELINA:** (griego) Hermosa como la luna.
- **SELMA:** (celta) Justa, limpia. Que tiene paz.
- **SELVA:** (latino) Originaria de la selva.
- **SEMÍRAMIS:** (asirio) Amorosa como las palomas.
- **SEPTIMIA:** (latino) La séptima hija de una familia.
- **SERAFINA:** (hebreo) El ángel de la espada de fuego.
- **SERAPIA:** (latino) Consagrada a la divinidad egipcia Serapis.
- **SERENA:** (latino) La que es clara y pura.
- **SEROTINA:** (latino) La que nació en la puesta del sol.
- **SERVANDA:** (latino) La que debe ser salvada y protegida. Forma femenina de Servando.
- **SEVERA:** (latino) La austera, que no puede ser corrompida.
- **SEVERINA:** Variante de Severa.
- **SHAIEL:** (hebreo) Regalo de Dios.
- **SHARON:** (hebreo) Nombre de la llanura de Israel famosa por su fertilidad en los tiempos bíblicos.
- **SHEILA:** (irlandés) Deriva de Sile, nombre equivalente a Celia.
- **SHIRLEY:** (inglés) Que vive en un prado blanco.

- **SIBILA:** (griego) Profetisa.
- **SIBILINA:** Derivado de Sibila.
- **SIDANELIA:** Variante de Zidanelia.
- **SIGLINDA:** (germánico) Doncella de la paz.
- **SIGRADA / SIGRID:** (germánico) La que da consejos para obtener la victoria.
- **SILA:** (latino) Variante de Selva.
- **SILVANA:** Forma femenina de Silvano (el que es de la selva).
- **SILVERIA / SILVINA:** (latino) Selva.
- **SILVIA / SYLVIA:** (latino) Variante de Selva.
- **SIMONA:** (hebreo) La que ha escuchado a Dios.
- **SIMONE:** (francés) Variante de Simona.
- **SINCLÉTICA:** (griego) La que es invitada.
- **SINFOROSA:** (griego) La que tiene muchos dones.
- **SINTIQUES:** (griego) La que llega en una ocasión especial.
- **SIRA:** (latino) Que proviene de Siria.
- **SIXTA:** (griego) Forma femenina de Sixto. Cortés, educada, amable.
- **SOCORRO:** (latino) Pronta a dar ayuda.

- **SOFÍA:** (griego) Amante de la sabiduría.
- **SOL:** (latino) De fe luminosa.
- **SOLANA:** (latino) Como el viento de Oriente.
- **SOLANGE:** (francés) La consagrada solemnemente.
- **SOLEDAD:** (latino) La que ama y desea estar sola.
- **SOLITA:** Diminutivo de Soledad.
- **SONIA:** (eslavo) Variante de Sofía.
- **SOPHIE:** (inglés) Variante de Sofía.

- **SORAYA:** Variante de Zoraida.
- **STEFANÍA:** Variante de Estefanía.
- **STELLA:** (latino) Estrella.
- **STELLA MARIS:** (latino) Estrella de mar.
- **SULAMITA:** (hebreo) La mansa, la pacífica.
- **SUSANA:** (hebreo) La que es como la azucena.
- **SUYAY:** (aborigen) Esperanza.

- **TABATHA:** (griego) Frágil.
- **TABITA:** (hebreo) Que es como una gacela.
- **TACIANA:** (latino) Activa, inteligente.
- **TAFFY:** (galés) Amada.
- **TAIS:** (griego) Muy bella.
- **TALÍA:** (griego) Fecunda.
- **TAMAR / TAMARA:** (hebreo) Palmera. Que da buen refugio.
- **TANIA:** (eslavo) Reina de las hadas.
- **TARA:** (celta) Torre.
- **TARSICIA:** (latino) La que nació en Tarso.
- **TARSILIA:** (griego) La que trenza mimbres.
- **TATIANA:** (latino) La defensora.
- **TEA:** Forma reducida de Dorotea.
- **TECLA:** (griego) La gloria de los dioses.
- **TELMA / THELMA:** Forma femenina de Telmo (ver "Erasmo").
- **TEMIS:** (griego) La que establece el orden y la justicia.
- **TEOCLETA:** (griego) La que lleva

consigo las alabanzas a Dios.
- **TEODEQUILDA:** (germánico) La guerrera de su pueblo.
- **TEODOCIÓN:** (griego) Que posee bondad divina.
- **TEODOLINDA:** (germánico) La que da buen trato a la gente.
- **TEODORA:** (griego) Don de Dios.
- **TEODOSIA:** (griego) La que ha sido dada como regalo de Dios.
- **TEOFANÍA:** (griego) Luz de Dios.
- **TEÓFILA:** (griego) La que ama a Dios.
- **TEOLINDA:** Variante de Teodolinda.
- **TEOTISTA:** (griego) La que acepta la voz de Dios.
- **TERESA:** (griego) La cazadora divina.
- **TERESITA:** Diminutivo de Teresa.
- **TERPSÍCORE:** (griego) La que halla placer en el baile.
- **TESIRA:** (griego) La fundadora.
- **TETIS:** (griego) Nodriza.
- **THAIS:** (griego) La que es hermosa.

- **TELAM:** (griego) Amable con sus semejantes.
- **TICIANA / TIZIANA / TITA:** (latino) La valiente defensora.
- **TIMOTEA:** (griego) Forma femenina de Timoteo. La que honra y alaba a Dios.
- **TIRSA:** (griego) Coronada con hojas de ciprés. Agradable.
- **TOMASA:** (hebreo) La hermana gemela. Forma femenina de Tomás.
- **TORA:** (germánico) Trueno.
- **TOSCANA:** (latino) La que nació o vino de Etruria.
- **TRIANA:** (español) Alude a la Virgen de Triana, conocida como la Virgen de la esperanza.

- **TRIFONIA:** (griego) Tres voces.
- **TRINIDAD:** (latino) Se refiere a la Santísima Trinidad.
- **TRISTANA:** (celta) Cazadora atrevida.
- **TROYA:** (griego) Ciudad mitológica. Significa "la que ofende".
- **TULIA:** (latino) Femenino de Tulio. Recibe honra, elevada por Dios.
- **TURQUESA:** (turco) Alusivo al color del mismo nombre.
- **TUSNELDA:** (germánico) La que combate a los gigantes.
- **TZÍPORA:** (hebreo) Pájaro.

**UBALDINA:** (germánico) Forma femenina de Ubaldo. Audaz, atrevida, inteligente.

**ULLA:** (celta) Joya del mar.

**UMBELINA:** (latino) La que brinda sombra protectora.

**URANIA:** (griego) La que es como el firmamento.

**URBANA:** (latino) Cortés.

**URRACA:** (vasco) Pájaro del mismo nombre.

**URSINA:** (latino) La pequeña osa.

**ÚRSULA:** (latino) Osita. Graciosa como una pequeña osa.

**URSULINA:** Diminutivo de Úrsula.

- **VALBURGA:** (germánico) La que defiende el campo de batalla.
- **VALDA:** (teutón) Forma femenina de Valdo. La que gobierna, la monarca.
- **VALDETRUDIS:** (germánico) La que ejerce la magia en el campo de batalla.
- **VALDRADA:** (germánico) La que da consejos.
- **VALENTINA:** (latino) La que tiene fortaleza y salud.
- **VALERIA:** Variante de Valentina.
- **VALQUIRIA:** (escandinavo) La que elige a los que serán sacrificados.
- **VANDA:** (germánico) La que protege a los bárbaros.
- **VANESA / VANESSA:** (inglés) Nombre creado por el escritor Jonathan Swift para su poema "Cadenus and Vanessa".
- **VANINA:** Derivado de Giovannina (en italiano, Juanita).
- **VARINIA:** (latino) La que es patisamba.

- **VEDA:** (hindú) Obra con sapiencia y cordura.
- **VENANCIA:** (latino) Forma femenina de Venancio. La cazadora.
- **VENDELGARDA:** (germánico) La que protege a los bárbaros.
- **VENERANDO:** (latino) La que es digna de veneración.
- **VENTURA:** (latino) La que tiene felicidad y dicha. Debe acompañarse con otro nombre que indique sexo.
- **VENUS:** (mitológico) Diosa del amor y la belleza para los romanos, equivalente a la Afrodita de los griegos.
- **VER:** (bíblico) Según la historia de la infancia de Jesús, era de la tribu de Aarón, y madre de Juan Bautista. Significa "Dios me lo ha prometido", o "la que ama a Dios".
- **VERA:** (latino) Verdad.
- **VERBENA:** (latino) La que tiene salud.
- **VEREDIGNA:** (latino) La que tiene gran mérito por su dignidad.

- **VERENA / VERONA:** Variantes de Vera.
- **VERENICE:** (griego) Variante de Verónica.
- **VERNA:** (latino) Nacida en primavera.
- **VERÓNICA:** (latino) Imagen de la verdad.
- **VESTA:** (latino) Guardiana del fuego sagrado.
- **VICENTA:** (latino) Que ha conseguido la victoria. Forma femenina de Vicente.
- **VICTORIA:** (latino) La vencedora.
- **VICTORINA:** Variante de Victoria.
- **VILMA:** (sajón) Proviene de Wilma (Guillermina).
- **VINEFRIDA:** (germánico) La que es amiga de la paz.
- **VIOLA:** (latino) La que trae alegría.

- **VIOLETA:** (latino) La modestia.
- **VIRGEFORTIS:** (latino) La fuerza de la virgen.
- **VIRGINIA:** (latino) Virgen, pura.
- **VIRIDIANA:** (latino) La que pertenece al varón.
- **VIRTUDES:** (latino) Virtud, entereza moral.
- **VISITACIÓN:** Referido a la aparición de la Virgen María.
- **VITA:** (latino) Vida.
- **VITALIA:** (latino) La que está llena de vida.
- **VITALINA:** Variante de Vitalia.
- **VIVIAN:** (inglés) Variante de Viviana.
- **VIVIANA:** (celta) La pequeña.

- **WALKYRIA / WALKIRIA / WALQUIRIA:** Variantes gráficas de Valquiria.
- **WALTRUDIS:** Variante de Valtrudis.
- **WANDA:** (germánico) La maravillosa.
- **WARA:** (aborigen) Estrella. Debe acompañarse con otro nombre que indique sexo.
- **WAYCA:** (aborigen) Sauce.
- **WENDI / WENDY:** (anglosajón) La amiga verdadera.
- **WEREBURGA:** (germánico) La protectora de la guardia.

- **WILMA:** (germánico) La que protege con voluntad de hierro.
- **WINEFRIDA:** (germánico) La que es amiga de la paz.
- **WITBURGA:** (germánico) La que protege el bosque.
- **WIVINA:** Variante de Viviana.
- **WULFILDE:** (germánico) La que lucha con los lobos.

**X**

- **XANA:** (asturiano) Hada buena.
- **XAVIERA:** Variante gráfica de Javiera.
- **XENIA:** (griego) La que da hospitalidad.
- **XIMENA:** Variante gráfica de Jimena.

- **XIOMARA:** (árabe) La estrella más hermosa del universo.
- **XIOMARY:** (árabe) Variante de Xiomara.
- **XOANA:** Variante gráfica de Joana.

- **YAEL:** Variante de Jael.
- **YAIMA:** (aborigen) Acequia.
- **YANET:** Variante gráfica de Jeanette.
- **YANINA:** Variante gráfica de Giannina.
- **YARA:** (tupí) Señora.
- **YASMÍN / YAZMÍN:** Variantes gráficas de Jazmín.
- **YEMINA:** (latino) Melliza.

- **YÉSICA:** Variante gráfica de Jésica.
- **YOCONDA:** (italiano) Alegre y jovial.
- **YOLANDA:** Variante de Viola.
- **YOLE / YONE:** (griego) La que es bella como una violeta.
- **YVETTE:** Variante de Ivonne.
- **YVONNE:** (germánico) La arquera.

- **ZABA:** (hebreo) La que ofrece un sacrificio a Dios.
- **ZAHIRA:** Variante gráfica de Zaira.
- **ZAHRA:** Variante gráfica de Zara.
- **ZAIDA:** (árabe) La que crece.
- **ZAIRA:** (árabe) Llena de flores.
- **ZARA:** (hebreo) Luz que ilumina. En árabe es flor de buen aroma.
- **ZARINA:** (ruso) La mujer del zar.
- **ZELMA:** Variante de Selma.
- **ZELMIRA:** Variante de Celmira.
- **ZENAIDA:** (árabe) La que se ha consagrado a Dios.
- **ZIDANELIA:** (griego) Que es como el preciado nenúfar.

- **ZILLA:** (hebreo) La que da grata sombra.
- **ZINA:** (hebreo) Abundancia.
- **ZITA:** (persa) La que es virginal.
- **ZOBEIDA:** (árabe) La que es rica y preciada como la crema.
- **ZOE:** (griego) La que está llena de vida.
- **ZOILA:** (griego) Vital, vivaz.
- **ZORAIDA:** (árabe) La elocuente.
- **ZULAICA:** Variante de Zuleica.
- **ZULEICA:** (árabe) Mujer hermosa.
- **ZULEMA / ZULIMA:** (árabe) Sana, vigorosa, fuerte.
- **ZULMA:** (árabe) Variante de Zulema.

# Nombres para el Varón

- **AARON:** (egipcio, bíblico) Fuerte como una roca.
- **ÁBACO:** (persa) El que cuenta.
- **ABAD:** (hebreo) El único.
- **ABÁN:** (mitológico) Genio benéfico de la mitología persa. Presidía el agua y las artes.
- **ABBOT:** (hebreo) Padre.
- **ABDALLAH:** (árabe) Siervo de Dios.
- **ABDENACO:** (caldeo) El hijo del sol.
- **ABDÍAS:** (hebreo) Siervo de Dios.
- **ABDÓN:** (hebreo) El buen servidor. Siervo del Señor.
- **ABDUL:** (árabe) Hijo, siervo de Dios.
- **ABEL:** (bíblico) Segundo hijo de Adán y Eva. Fue el primer pastor. Significa "vida fugaz".
- **ABELARDO:** (celta) Semejante o parecido a la abeja. Muy trabajador.
- **ABERCIO:** (griego) El primer hijo.
- **ABI:** (hebreo) Dios es mi padre.

- **ABÍAS:** (hebreo) Soy el hijo de Dios.
- **ABILIO:** (latino) El que no es rencoroso.
- **ABIMELEC:** (hebreo) El padre del rey.
- **ABINADAS:** (hebreo) Hijo de noble padre.
- **ABIRÓN:** (hebreo) El padre de la grandeza.
- **ABISAG:** (hebreo) Hijo del que erró.
- **ABISAI:** (hebreo) Mi padre tiene un "don".
- **ABNER:** (hebreo) El padre de la luz.
- **ABO:** (hebreo) El padre.
- **ABRAHAM:** (hebreo) Cabeza de un pueblo.
- **ABRAM:** (hebreo) Padre exaltado.
- **ABSALÓM / ABSALÓN:** (hebreo) Padre de la paz. En el padre es la paz.
- **ABUNDIO:** (latino) Que tiene muchos bienes.

- **ACAB:** (hebreo) El que es hermano del padre. El tío.
- **ACACIO:** (griego) El que no tiene maldad. Honrado, inocente. Nombre de algunos santos orientales.
- **ACISCLO:** (latino) Deriva de la palabra latina "acisculus", que significa "pico para labrar piedras".
- **ACURSIO:** (latino) El que se encamina hacia Dios.
- **ADAD:** (mitológico) Significa "uno" o "único".
- **ADALBARO:** (griego) El combate de la nobleza.
- **ADALBERTO:** (germánico godo) De descendencia noble. Una de las variantes es Edelberto.
- **ADALGISO / ALGISO / ADALVINO:** (griego) La lanza de la nobleza.
- **ADALRICO:** (griego) Jefe noble de la estirpe.
- **ADÁN / ADAM:** (mitológico) El primer hombre.
- **ADAUCTO:** (latino) El que aumenta, que se acrecienta.
- **ADELARDO / ALARDO / ADELINO:** (celta) El que es muy noble.
- **ADELFO:** (griego) El amigo fraterno.
- **ADELMARO:** (griego) Ilustre por su estirpe.
- **ADELMO:** (germánico) Protector de los indefensos y de los pobres.
- **ADEMAR / ADIMAR / ADEMARO / ADHEMAR / ADHELMAR:** (germánico) Ilustre por sus luchas.
- **ADEMARO:** (germánico) Variante de Ademar.
- **ADIEL:** (hebreo) Adornado por Dios.
- **ADOLFO / ADULFO:** (germánico) De noble estirpe.
- **ADONAI:** (hebreo) Señor mío.
- **ADONÍAS:** (hebreo) Dios es mi Señor.
- **ADONIS:** (mitológico) El más hermoso de los hombres.
- **ADRIÁN / ADRIANO / HADRIÁN:** (latino) Venido de la ciudad del mar.
- **ADRIEL:** (hebreo) Mi señor es Dios.
- **AFRODISIO:** (griego) El que es de espuma. Fue un mártir egipcio del siglo I.
- **AGAMENÓN:** (griego) El que avanza lentamente.
- **AGAPITO:** (griego) El muy amado.
- **AGAR:** (griego) El que se fugó.
- **AGATÓN:** (griego) Fue un papa del siglo VII. Significa "el que es bueno".

- **AGENOR:** (griego) Es el hombre que por su gran fortaleza física es arrogante y varonil.
- **AGEO:** (griego) De carácter festivo, que alegra.
- **AGESISLAO:** (griego) El caudillo de los pueblos.
- **AGILULFO:** (germánico) El guerrero temible.
- **AGNELO:** (latino) Referente al cordero de Dios.
- **AGRICIO:** (latino) El que vive en el campo.
- **AGUSTÍN:** (latino) Diminutivo de Augusto Majestuoso.
- **AHMED:** (árabe) Digno de alabanzas.
- **AIDANO:** (germánico) El que se distingue.
- **AIMÓN:** (germánico) El amigo de la casa.
- **AITOR:** (vasco) El padre.
- **ALADINO:** (árabe) Es aquel que ha logrado la máxima sabiduría religiosa. Sabiduría sublime por la fe.
- **ALAIN:** Forma francesa de Alan.
- **ALAMIRO:** (árabe) El príncipe.
- **ALAN:** (celta) Hombre de buena talla, apuesto, imponente.
- **ALANO:** (celta) Del céltico "alun", que significa "armonía". Variante de Alan.

- **ALARICO:** (germánico) Rey de todos los hombres.
- **ALBANO:** (latino) Del latín "albanus", habitante de la ciudad de Alba.
- **ALBERTO / OBERTO:** (germánico) De nobleza esplendorosa.
- **ALBINO:** (latino) Sumamente blanco.
- **ALCEO:** (griego) Hombre de gran fuerza y valor.
- **ALCIBÍADES:** (griego) De fortaleza violenta.
- **ALCIDES:** (griego) El fornido.
- **ALCUINO:** (germánico) Amigo del lugar sagrado. Amigo del Templo.
- **ALDEMAR:** (germánico) Todas las experiencias reunidas en un solo hombre.
- **ALDO / ALDINO / ALDANO:** (germánico) Experimentado.
- **ALEJANDRO / ALESSANDRO / SANDRO / ALEJANDRINO:** (bíblico) Defensor y protector de los hombres.
- **ALEJO / ALESSIO:** (griego) El que protege y defiende.
- **ALESSANDRO:** (italiano) Variante de Alejandro.
- **ALEXIS / ALEX:** (griego) El protector.
- **ALFEO:** (griego) En la mitología

griega era hijo del Océano y de Tetis. Significa "río del Peloponeso".

- **ALFIO:** (griego) Hombre de piel blanca.
- **ALFONSO:** (germánico) De noble estirpe. Listo para el combate.
- **ALFREDO:** (germánico) El poderoso consejero amigo de la paz.
- **ALÍ:** (árabe) El elevado, sublime.
- **ALIPIO:** (griego) Es aquel al que no le afectan las penas.
- **ALONSO:** Variante de Alfonso.
- **ALTERIO:** (griego) "Como un cielo estrellado".
- **ALUCIO:** (latino) Lúcido, esclarecido.
- **ÁLVARO / ÁLVAR / ALVERO:** (germánico) Hombre precavido, prevenido.
- **AMADEO:** (latino) Aquel que ama a Dios.
- **AMADEUS:** (latino) El que ama a Dios.
- **AMADÍS:** (latino) Amadísimo. El más grande amor.
- **AMADO:** (latino) El que es amado. Pequeño.
- **AMADOR:** (latino) Derivado del latín "amator" que significa "amante, galán, amador".
- **AMALIO:** Forma masculina de Amalia.

- **AMÁN:** (hebreo) El magnífico.
- **AMANCIO / AMANDIO:** (latino) El que ama a Dios.
- **AMANDO:** (latino) Amado por todos.
- **AMARANTO:** (griego) El que no se intimida.
- **AMARO:** (portugués) Variante de Mauro.
- **AMARU:** (americano - quechua) Serpiente sagrada que representa el infinito. Debe acompañarse con otro nombre que indique sexo.
- **AMBROSIO:** (griego) El eterno, el inmortal.
- **AMELIO:** (teutón) Muy trabajador, enérgico.
- **AMÉRICO:** (germánico) Príncipe activo.
- **AMIDA:** (mitológico) En Japón: rey de los cielos y la eterna alegría.
- **AMIEL / AMMIEL:** (hebreo) Dios es mi pueblo.
- **AMÍLCAR:** (púnico) Significa "el señor de la ciudad, príncipe que manda en ella".
- **AMÍN:** (árabe) Hombre que es fiel.
- **AMINTOR:** (griego) El protector.
- **AMIR:** (árabe) El jefe.
- **AMMÓN:** (mitológico) Dios egipcio.

- **AMÓN / AMI:** (hebreo) El constructor.
- **AMÓS:** (hebreo) Hombre robusto.
- **ANACARIO:** (griego) "No sin gracia".
- **ANACLETO:** (griego) El invocado.
- **ANAÍAS:** (hebreo) El Señor contesta.
- **ANANÍAS:** (hebreo) El que tiene la gracia de Dios.
- **ANASTASIO:** (griego) El que volvió a vivir, el resucitado.
- **ANATOLIO:** (griego) El venido de Oriente.
- **ANAXÁGORAS:** (griego) El primero, el amo, el príncipe, el que sobresale.
- **ANDRÉS / ANDRÉ / ANDREA / ANDREAS:** (griego) Varonil y de gran valentía.
- **ANDROCLES:** (griego) Hombre cubierto de gloria.
- **ANDRÓGEO:** (griego) Hombre de la tierra.
- **ANDRÓNICO:** (griego) Hombre victorioso.
- **ANDROS:** (mitológico) En la mitología polaca, dios de los mares.
- **ANFIÓN:** (mitológico) Hijo de Antíope y Júpiter, y hermano gemelo de Zeto.
- **ÁNGEL / ANGELINO / ÁNGELO / AXEL:** (bíblico) Mensajero de Dios.
- **ANGILBERTO:** (germánico) Ángel brillante por el poder de Dios.
- **ANIANO:** (griego) El que está triste y afligido.
- **ANÍAS:** (hebreo) Dios contesta.
- **ANÍBAL:** (griego) Gracia del Todopoderoso.
- **ANICETO:** (griego) Invencible por su poderío físico.
- **ANQUISES:** (mitológico) Príncipe troyano que tuvo amores con Venus.
- **ANSALDO:** (germánico) El que representa a Dios. Dios está en él.
- **ANSELMO:** (germánico) El protegido de Dios.
- **ANTELMO:** (germánico) Protección de la patria.
- **ANTENOR:** (griego) El que ocupa su lugar por la fuerza.
- **ANTEO:** (mitológico) Fue hijo de Neptuno y de la Tierra.
- **ANTERO:** (griego) El hombre florido.
- **ANTÍGONO:** (griego) El que sobresale entre sus iguales o sus hermanos.
- **ANTIOCO:** (griego) El que va al frente del combate en su carro guerrero.

- **ANTIPAS:** (griego) El enemigo de todos.
- **ANTÓN:** Apócope de Antonio.
- **ANTONELLO:** Forma masculina de Antonella.
- **ANTONINO:** Variante de Antonio.
- **ANTONIO / ANTOLÍN / ANTÓN / ANTONINO:** (latino) Derivados del latín "antonius", nombre de una familia noble romana.
- **ANTU:** (americano) Sal.
- **ANTULIO:** Contracción de Antonio y Tulio.
- **ANUBIS:** (mitológico) Hijo de Osiris y Nefté, en la mitología egipcia.
- **APARICIO:** (latino) Nombre usado en México por devoción al beato Sebastián de Aparicio.
- **APELES:** (griego) Que está en lugar sagrado.
- **APOLINAR / APOLINARIO / APÓLITO / APOLONIO:** (latino) Consagrado al dios Apolo.
- **APOLO:** (mitológico) Hijo de Júpiter y Latona, que representaba al Sol.
- **AQUILES:** (mitológico) Hijo de Tetis y Peleo, significa "consolador del que sufre".
- **AQUILINO:** (latino) Agudo como el águila.

- **ARAMÍS:** (latino) Uno de los célebres mosqueteros de la novela de Alejandro Dumas.
- **ARCADIO:** (griego) Nacido en una ciudad rodeada de fortalezas.
- **ARCÁNGEL:** (griego) Príncipe.
- **ARCHIBALDO:** (germánico) El muy intrépido.
- **ARDUINO / ARDOÍNO:** (germánico) El valiente que ayuda a sus amigos.
- **ARES:** (mitológico) Dios griego de la guerra y la virilidad.
- **ARETAS:** (árabe) El forjador.
- **ARGENIS:** (griego) El de gran blancura.
- **ARGENTINO / ARGENTO:** (latino) Resplandeciente como la plata.
- **ARGEO:** (griego) Nombre de algunos reyes griegos.
- **ARGOS:** (mitológico) Su apellido era Panoptes, "el que lo ve todo".
- **ARGUS:** (griego) Cuidadoso, vigilante.
- **ARIEL:** (hebreo) León de Dios.
- **ARIÓN:** (griego) Nombre de un poeta lírico nacido en la isla de Lesbos.
- **ARISTARCO:** (griego) El primero entre los príncipes. El mejor.
- **ARISTEO:** (griego) El sobresaliente, el destacado.

- **ARÍSTIDES:** (griego) El que llegó a la excelencia.
- **ARISTÓBULO:** (griego) El que da los mejores consejos.
- **ARISTÓFANES:** (griego) El mejor, el óptimo.
- **ARISTÓTELES:** (griego) Persona de nobles intenciones.
- **ARMANDO:** (germánico) Hombre de armas, guerrero.
- **ARMENTARIO / ARMEN:** (griego) Pastor de ganado.
- **ARNALDO / ARNOLDO / ARNOL-FO:** (germánico) Fuerte como un águila.
- **ARNULFO:** (germánico) El que posee la tenacidad y fortaleza de un lobo.
- **ARQUELAO:** (griego) Gobernante de un pueblo.
- **ARQUÍMEDES:** (griego) El pensador profundo.
- **ARQUIPO:** (griego) Domador de caballos.
- **ARSENIO:** (griego) Varonil y vigoroso.
- **ARTAJERJES:** (hebreo) Fue rey de los persas en tiempos de Esdrás.
- **ARTEMIO:** (griego) Varón, ínte-gro. Puro.
- **ARTURO:** (germánico) Hombre con la fortaleza de un oso.
- **ASA:** (hebreo) El que da la salud. El que sana.
- **ASAEL:** (hebreo) Hermano de Yoab y Abisay, uno de los hijos de Seruya.
- **ASAF:** (hebreo) El escogido de Dios.
- **ASER:** (hebreo) Hijo de Jacob y de Lía.
- **ASTERIO:** (mitológico) Por esca-par de Zeus se lanzó al mar.
- **ASTOLFO:** (germánico) El que con la lanza socorre.
- **ATAHUALPA:** (americano - que-chua) Ave de la dicha.
- **ATANASIO:** (griego) El que no morirá nunca.
- **ATENÓGENES:** (griego) Sabio desde la cuna.
- **ATHOS:** (griego) Uno de los céle-bres mosqueteros de la novela de Alejandro Dumas.
- **ATILA / ATILANO:** (germánico) El cabeza de familia. Padre.
- **ATILIO:** (latino) Favorito del abuelo.
- **AUBERTO:** (germánico) De gran-de y brillante nobleza.
- **AUDOMARO:** (griego) Famoso por su riqueza.
- **AUGUSTO:** (latino) Que infunde respeto y veneración. Majestuoso.

- **AURELIO / AURELIANO:** (latino) Valioso como el oro.
- **ÁUREO:** (latino) De oro, dorado.
- **AVELINO:** (latino) El que cuida el bosque de avellanos.
- **AVITO:** (latino) El que es del abuelo.
- **AYAX:** (mitológico) Hijo de Telamón y Peribea, una de las doncellas enviadas a Creta por Egeo y a quien Teseo había salvado la vida.

- **AZANÍAS:** (hebreo) Dios lo oye.
- **AZARÍAS:** (hebreo) El señor me sostiene.
- **AZARIEL:** (hebreo) El que domina sobre las aguas.
- **AZUL:** (árabe) Del color del cielo sin nubes. Debe acompañarse con otro nombre que indique sexo.

- **BAAL:** (caldeo) Señor, dueño. Dominador de un territorio.
- **BABIL:** (asirio) Puerta de Dios.
- **BACO:** (griego) Que grita y alborota.
- **BALAAM:** (griego) El señor de su pueblo.
- **BALBINO / BALBO:** (latino) El de hablar balbuceante.
- **BALDOMERO / VALDEMAR / WALDEMAR:** (germánico) El gran luchador famoso por su fortaleza.
- **BALDOVINO:** (germánico) El amigo intrépido.
- **BALDUINO / BALDOVÍN:** (germánico) El amigo valeroso.
- **BALTASAR:** (asirio / bíblico) Hijo de Nabucodonosor. Último rey de los caldeos. Significa "el protegido de los dioses, el que posee el tesoro".
- **BARDO:** (celta) Poeta, músico.
- **BARLAAM:** (hebreo) Señor del pueblo.
- **BARTOLOMÉ, BARTOLO:** (hebreo) Descendiente del que guerrea valientemente.
- **BARUC / BARUJ:** (hebreo) El que fue bendecido por Dios.
- **BASIANO:** (griego) Juicio agudo.
- **BASILIO / BASIL:** (griego) Rey soberano.
- **BASO:** (latino) Robusto y fornido.
- **BAUDILIO:** (germánico) Audaz, valiente.
- **BAUTISTA:** (griego) El que transmite el pacto. El iniciador. El que bautiza.
- **BEDA:** (germánico) Que ordena y dispone.
- **BEDARDO:** (germánico) El jefe valiente.
- **BELARMINO:** (italiano) El bien armado.
- **BELÉN:** (hebreo) Casa de pan. Debe acompañarse con otro nombre que indique sexo.
- **BELISARIO:** (griego) Flechador diestro. El fuerte arrojador de saetas.
- **BELMIRO:** (germánico) El guerrero ilustre.

- **BELTRÁN / BERTRÁN:** (germánico) Cuervo brillante.
- **BEN:** (árabe) El hijo.
- **BENEDICTO:** (latino) El bendito por Dios.
- **BENIGNO:** (latino) El pródigo.
- **BENILDO:** (germánico) El que lucha contra los osos.
- **BENITO / BENET:** Variantes de Benedicto.
- **BENJAMÍN:** (hebreo) El más chico de la familia. El que nace después de un intervalo grande, después de hermanos mayores.
- **BERARDO:** Variante de Bernardo. Proviene de la palabra "eberhard". En el santoral fue un misionero franciscano, discípulo de San Francisco.
- **BERENGARIO:** (germánico) El que mata osos con su lanza.
- **BERENGUER:** (germánico) Oso preparado para el combate.
- **BERILO:** (griego) De magnífico valor.
- **BERMUDO:** (germánico) Que tiene valor y es firme.
- **BERNABÉ:** (hebreo / bíblico) Hijo de consolación, propiamente hijo de profecía. Profeta. Significa "el que anunció el profeta. El hijo del consuelo".

- **BERNARDINO:** Variante de Bernardo.
- **BERNARDO:** (germánico) Que tiene la valentía y la audacia del oso.
- **BERNO:** (germánico) El que es firme.
- **BERTARIO:** (germánico) Que se destaca en el ejército.
- **BERTOLDO:** (germánico) El caudillo generoso, magnífico.
- **BERTULFO:** (germánico) El guerrero que brilla.
- **BESARIÓN:** (griego) El caminante.
- **BIENVENIDO:** (latino) El que es bien recibido, recibido con alegría.
- **BIODORO:** (griego) Que recibe el don de vivir.
- **BLADIMIRO:** (eslavo) Variante de Vladimiro. Significa "príncipe de la paz".
- **BLANDINO:** (latino) El que es lisonjeado.
- **BLAS:** (griego) El que habla en forma balbuceante.
- **BLASCO:** (latino) De color pálido.
- **BOECIO:** (griego) El que ayuda, el defensor que acude presto a la batalla.
- **BOLESLAO:** (eslavo) El más glorioso entre los gloriosos.

- **BONIFACIO:** (latino) Benefactor. El que hace bien a todos.
- **BONO:** (latino) Deriva del adjetivo "bonus", que significa "bueno".
- **BORIS:** (eslavo) Hombre luchador. Gran oso.
- **BRANCO:** (portugués) De color blanco.
- **BRAULIO:** (germánico) El resplandeciente.
- **BRIAN:** (celta) El de gran fuerza.
- **BRICIO:** (celta) La fuerza.
- **BRITWALDO:** (germánico) El que resplandece por su poder.
- **BRUNO:** (latino) El de la tez morena.
- **BUCARDO:** (germánico) El defensor de la fortaleza.
- **BUENAVENTURA:** (latino) El que augura la buena suerte.
- **BULMARO:** (germánico) El que es fuerte y combate.
- **BURCARDO:** Variante de Bucardo.

- **CADMO:** (hebreo) El que vino de Oriente.
- **CAIFÁS:** (asirio) Hombre de poco ánimo.
- **CAÍN:** (hebreo) El que hizo su propia arma.
- **CALEB:** (hebreo) Perro guardián de Dios.
- **CALEDONIO:** (griego) El que vino de Caledonia.
- **CALÍGULA:** (latino) El que calza el botín militar de los romanos.
- **CALÍMACO:** (griego) El buen luchador.
- **CALIMERIO:** (griego) Que procede de buen lugar.
- **CALIMERO:** (griego) Que anuncia un día hermoso.
- **CALÍNICO:** (griego) El que alcanza una bella victoria. En la mitología era el sobrenombre de Heracles.
- **CALÍSTENES:** (griego) Hermoso y fuerte. Fue sobrino de Aristóteles.
- **CALIXTO:** (griego) El mejor y el más bello.

- **CALÓCERO:** Variante de Calógero.
- **CALÓGERO:** (griego) El sabio que va a tener buena vejez.
- **CAMBISES:** (persa) Hijo de Ciro, rey de Persia, no mencionado en la Biblia.
- **CAMILO:** (latino) El que vive en presencia de Dios.
- **CANAAN / CANNAN / CANAN:** (hebreo) El humilde.
- **CANCIO:** (latino) Originario de Anzio.
- **CÁNDIDO:** (latino) Puro, blanco, inmaculado.
- **CANNAN / CANAN:** (hebreo) El humilde.
- **CAPITALINO:** (latino) El que habita con los dioses.
- **CARIM:** (árabe) El generoso.
- **CARLO:** (italiano) Variante de Carlos.
- **CARLOMAGNO:** (latino) Deformación del nombre Carolus Magnus, emperador franco beatificado, cuyo nombre se encuentra en el santoral.

- **CARLOS:** (germánico) Fuerte, varonil.
- **CARMELO:** (hebreo) El que es como una espiga tierna.
- **CARPO:** (griego) El fruto precioso.
- **CASANDRO:** (griego) El hermano del héroe.
- **CASIANO / CASIO:** (latino) El hombre del yelmo.
- **CASILDO:** (árabe) El joven que lleva la lanza.
- **CASIMIRO:** (eslavo) El predicador de la paz.
- **CASIO:** Variante de Casiano.
- **CASIODORO:** (griego) Regalo de un amigo.
- **CASTO:** (griego) Puro, honesto.
- **CASTOR:** (griego) El brillante.
- **CATALDO:** (germánico) El que se destaca en la guerra.
- **CATÓN / CÁTULO:** (latino) Astuto.
- **CATRIEL:** (americano - araucano) Marcado, cortado.
- **CAYETANO / CAITÁN:** (latino) El que es originario de Gaeta (antigua ciudad de la región italiana del Lacio).
- **CAYO:** (latino) Alegre, divertido.
- **CEFERINO:** (griego) El que es acariciante como el viento.
- **CELEDONIO:** (latino) Peregrino como la golondrina.

- **CELERINO:** (latino) El más rápido.
- **CELESTINO:** (latino) Habitante del reino celestial.
- **CELIO:** (latino) El que vino de una de las siete colinas de Roma.
- **CELSO:** (latino) El que es natural de las alturas espirituales. El que goza de la excelencia intelectual y psíquica.
- **CENOBIO:** (latino) El que rechaza a los extranjeros.
- **CERBER:** (mitológico) Perro de tres cabezas que cuidaba las puertas del Reino de Hades Plutón, el Dios de los Infiernos.
- **CÉSAR:** (latino) Cortado del vientre de su madre.
- **CESARIO / CESARIÓN:** (latino) Seguidor del César.
- **CICERÓN:** (latino) El que planta garbanzos.
- **CID:** (árabe) Señor.
- **CIPRIANO:** (griego) Consagrado a Afrodita, la diosa del amor.
- **CIRIACO:** (griego) Que es propiedad del Señor.
- **CIRILO / CIRIL:** Diminutivo de Ciro.
- **CIRINEO:** (griego) Natural de Cirene (Libia).
- **CIRO:** (bíblico) Pastor. Fundador del Imperio Persa.

- **CISELIO:** (latino) El que vino del Sol.
- **CITINO:** (griego) Veloz en la acción.
- **CLARENCIO:** (latino) Deriva de la palabra "clareus", que significa "alumbrar, aclarar".
- **CLARO:** (latino) El que es limpio y transparente.
- **CLAUDIO / CLAUDIANO / CLAUDINO / CLAUS:** (latino) El que camina cojeando.
- **CLEANDRO:** (griego) Hombre glorioso.
- **CLEMENTE:** (latino/ bíblico) Benigno, compasivo y moderado.
- **CLEMENTINO:** Variante de Clemente.
- **CLODOALDO:** (germánico) El príncipe guerrero de gran fama.
- **CLODOMIRO:** (germánico) El de ilustre fama. Proviene de las voces "hluot", gloria, y "mir", grande.
- **CLODOVEO:** (germánico) El gran guerrero distinguido, o ilustre.
- **CLOVIS:** Variante de Clodoveo.
- **COLMAN:** Variante de Carlos.
- **COLOMBINO:** Variante de Colón.
- **COLOMBO:** Variante de Colón.
- **COLÓN:** (latino) El que tiene la belleza de una paloma.
- **COLUMBANO:** (latino) Variante de Colón.
- **CONCORDIO:** (latino) Con el corazón.
- **CONO:** (americano - mapuche) Paloma, torcaza.
- **CONRADO / CORRADO:** (germánico) El que no teme dar una opinión en el Consejo.
- **CONSTANCIO:** (latino) El de conducta firme.
- **CONSTANTINO:** (latino) Diminutivo de Constancio.
- **CONTARDO:** (germánico) El que es audaz y valiente.
- **CORNELIO:** (latino) El encargado de tocar el cuerno en la batalla.
- **COSME / CÓSIMO:** (griego) El que se viste con adorno. El que mejora su aspecto.
- **CRESCENCIO / CRESENCIO / CRESCENTE:** (latino) "Crecer en virtud".
- **CRISANTO:** (griego) Flor áurea. Flor de oro.
- **CRISIPO:** (griego) Caballo de oro.
- **CRISÓFORO:** (griego) Portador del oro.
- **CRISÓLOGO:** (griego) Sus consejos valen oro.
- **CRISÓSTOMO:** (griego) El de palabras de mucho valor.
- **CRISPO / CRISPÍN:** (latino) El de cabello enrulado.

- **CRISTIAN / CHRISTIAN / CHRIST-HIAN:** (griego) Adepto al Señor.
- **CRISTÓBAL / CRISTOPHER:** (griego) El que lleva a Cristo a cuestas. El que lo transporta.
- **CRUZ / DE LA CRUZ:** (latino) Este nombre hace referencia al madero que sirvió de símbolo para la muerte de Cristo.
- **CUPIDO:** (mitológico) Dios del amor para los romanos.
- **CUSTODIO:** (latino) Espíritu guardián.
- **CUTBERTO:** (anglosajón) El que brilla por su fama.
- **CUTMANO:** (anglosajón) El hombre de buena fama.
- **CHALTÉN:** (americano - tehuelche) Azulado.

- **DACIO:** (latino) Natural de Dacia.
- **DAGOBERTO:** (germánico) Resplandeciente como el sol.
- **DAGOMIRO:** (germánico) De fama que resplandece.
- **DALMACIO / DALMAZIO:** (latino) El oriundo de Dalmacia. En otra versión significa "el manchado".
- **DALMIRO:** (germánico) El respetable por su nobleza.
- **DÁMASO:** (griego) El experto domador de caballos.
- **DAMIÁN / DEMIAN:** (griego) El hombre salido de entre el pueblo llano.
- **DAMOCLES:** (griego) Gloria de su pueblo.
- **DAN:** (hebreo) Juez. El que administra la ley.
- **DANIEL / DANILO:** (bíblico) El profeta. También significa "Dios me juzga".
- **DANTE:** (latino) El que tiene gran firmeza en su carácter.
- **DARDO:** (griego) Hombre de gran astucia y habilidad.
- **DARÍO:** (bíblico) Rey persa que permitió a los judíos proseguir la construcción del templo en Jerusalén. Significa "protección contra todo lo malo".
- **DAVID:** (hebreo) El bien amado de Dios.
- **DECIO:** (latino) Equivale a décimo. Nombre de una familia noble romana.
- **DÉDALO:** (griego) El hábil artesano.
- **DELFÍN:** (griego) De formas gráciles y bellas. También significa "el que juega alegremente".
- **DELFINO:** Variante de Delfín.
- **DELFOR:** (griego) Venido de Delfos.
- **DEMETRIO:** (griego) Deriva de la diosa griega Demeter, personificación de la tierra.
- **DEMOCLES:** Variante de Damocles.
- **DEMÓCRITO:** (griego) El que juzga al pueblo.
- **DEMÓSTENES:** (griego) El que enviste la fuerza del pueblo.
- **DEODATO:** (latino) Siervo de Dios.

- **DEREK:** (griego) Que surgió del pueblo.
- **DERMIDIO:** (griego) El de pequeña estatura.
- **DESIDERIO / DESIDERATO:** (latino) El que desea.
- **DIDIER:** (francés) Al que Dios concedió gracia.
- **DÍDIMO:** (griego) El hermano gemelo.
- **DIDIO:** Variante de Didier.
- **DIEGO:** (griego) Hombre de gran instrucción.
- **DIMAS:** (griego) Compañero, camarada.
- **DIMITRI:** (ruso) Variante de Demetrio.
- **DINO:** (italiano) Diminutivo de Bernardino.
- **DIOCLES:** (griego) Gloria divina.
- **DIODORO:** (griego) Don de Zeus.
- **DIÓGENES / DUGEN:** (griego) El que fue generado por Dios.
- **DIOMEDES:** (griego) El que tiene confianza.
- **DION:** (griego) Consagrado a Dios.
- **DIONISIO / DENIS / DENNIS:** (mitológico) Consagrado a Dios ante la adversidad, encomendado.
- **DIOSCORO:** (latino) Que es del Señor; nacido en el día del Señor.

- **DIOSDADO:** (latino) Don de Dios.
- **DODO:** (latino) Doliente, que pena.
- **DOMICIO:** (latino) El que doma, que domina. Amante de su casa.
- **DOMINGO / DOMICIANO / DOMENEC / DOMÉNICO:** (mitológico) Día del Señor. Perteneciente al Señor.
- **DONACIANO:** (latino) El que se ofrenda a Dios.
- **DONALDO / DONARDO:** (celta) El caudillo que gobierna con audacia.
- **DONATO:** (latino) Regalo de Dios.
- **DORIAN:** (griego) Originario de Dorian.
- **DOROTEO:** (griego) Merced o don de Dios.
- **DOSITEO:** (griego) Es la posesión de Dios.
- **DOUGLAS:** (celta) Azul oscuro.
- **DUILIO:** (latino) Presto o listo para el combate.
- **DULCIDIO:** (latino) El que es dulce.
- **DUNCAN:** (escocés) Guerrero moreno.
- **DUNSTANO:** (anglosajón) Piedra de la colina.
- **DUSTIN:** (germánico) El jefe muy estricto.
- **DYLAN:** (galés) Hijo del mar.

- **EBER:** (hebreo) Del más allá.
- **EBERARDO:** (germánico) Fuerte como los osos.
- **EBO:** (germánico) El jabalí.
- **ECELINO:** (germánico) El hijo del noble.
- **ECIO:** (latino) Fuerte.
- **ECOLAMPADIO:** (griego) La luz de la familia.
- **EDBERTO:** (germánico) El que brilla con su espada.
- **EDCO:** (griego) Que sopla con fuerza.
- **EDELBERTO:** (germánico) Descendiente de nobles.
- **EDELIO:** (griego) Que siempre es joven.
- **EDELMIRO:** (germánico) Representante de la nobleza.
- **EDEMAR:** Variante de Adelmo.
- **EDÉN:** (bíblico) El Paraíso.
- **EDGAR:** (germánico) Que defiende con la lanza sus bienes.
- **EDGARDO:** (germánico) El lancero que defiende su territorio.
- **EDILIO:** (griego) Que es como una estatua.

- **EDIPO:** (griego) El de los pies torcidos.
- **EDMUNDO / EDMUND:** (germánico) Protector de sus tierras.
- **EDOM:** (hebreo) El de cabellos rojos.
- **EDUARDO:** (germánico) El guardián atento a su feudo.
- **EDUINO:** (germánico) El amigo de valor.
- **EFEBO:** (mitológico) Muchacho hermoso, mancebo.
- **EFISIO:** (latino) Habitante de Éfeso, ciudad jónica.
- **EFRAÍM / EFRAÍN:** (hebreo) Doblemente fructífero.
- **EFRÉM / EFREN:** (hebreo) El que fructifica.
- **EGBERTO:** (germánico) El que se destaca como espadachín.
- **EGEO:** (mitológico) Hijo de Pandion y Pila, nacido en Megara.
- **EGIDIO:** (griego) El guerrero del escudo de piel de cabra.
- **EGISTO:** (griego) Criado con leche de cabra.
- **EGON:** Variante de Efisio.

- **ELADIO:** (griego) Natural de Elade. El griego.
- **ELBIO:** (celta) El que sobresale por su altura.
- **ELEAZAR / ELIÉCER / ELIAZAR / ELEAZARO:** (hebreo) Al que Dios ayuda contra el peligro.
- **ELENIO:** (griego) El que resplandece como el sol. Es la forma masculina de Elena.
- **ELEODORO:** (griego) Originario del Sol.
- **ELEUTERIO:** (griego) El que debido a su honestidad goza su libertad.
- **ELI:** (hebreo) El elevado, el sublime.
- **ELIAN:** (bíblico) Uno de los cien valientes del rey David.
- **ELÍAS:** (bíblico) Fue el salvador de la religión de Yahveh y su popularidad llegó a ser legendaria. Significa "instrumento de Dios".
- **ELIEZAR / ELIEZER:** Variante de Eleazar.
- **ELIGIO / ELOY:** (latino) El escogido.
- **ELIO:** (latino) El que ama el aire.
- **ELISEO:** (bíblico) Profeta sucesor de Elías, al que superó por el número y lo llamativo de sus milagros. Significa "Dios es mi salvación".

- **ELMER:** Variante de Edelmiro.
- **ELPIDIO:** (griego) El esperanzado.
- **ELUNEY:** (americano - mapuche) Regalo.
- **ELVIO:** (latino) Amarillo, rubio.
- **EMANUEL:** (hebreo) Dios está con nosotros.
- **EMERENCIANO:** (latino) El que merece, el que tiene derecho.
- **EMERIO:** (latino) Que es recompensado por Dios.
- **EMETERIO:** (griego) Aquel que es merecedor de nuestro afecto por ser nuestro igual.
- **EMIGDIO:** (griego) De piel morena.
- **EMIL:** Variante de Emilio.
- **EMILIANO / EMILIAN:** Variante de Emilio.
- **EMILIO / EMILLEN:** (latino) El trabajador esforzado, laborioso.
- **EMIR:** (árabe) Jefe, comandante.
- **EMMANUEL:** Variante de Emanuel.
- **ENEAS:** (bíblico) Héroe griego. Significa "el que es alabado".
- **ENGELBERTO:** (germánico) El brillo de los anglos.
- **ENIO:** (mitológico) Divinidad secundaria de la guerra.
- **ENOC / ENOCH / HENOCH:** (hebreo) Consagrado a Dios.

- **ENON:** (hebreo) Muy fuerte.
- **ENOS:** (hebreo) Hermano.
- **ENRIQUE / ENRICO:** (germánico) Aquel que es príncipe en su tierra.
- **ENZO:** Forma reducida de nombres como Vicenzo y Lorenzo.
- **EOLO:** (mitológico) El dios del viento para los griegos.
- **EPICTETO:** (griego) El que fue comprado.
- **EPICURO:** (griego) El que trae la ayuda, el auxilio.
- **EPIFANIO:** (griego) El que irradia luz por su saber.
- **EPÍMACO:** (griego) Fácil de atacar.
- **ERACLIO:** Variante de Heraclio.
- **ERAKIL:** (vasco) Variante de Heraclio.
- **ERARDO:** (griego) El homenajeado.
- **ERASMO:** (griego) Amable, deseable, digno de amor.
- **ERATO:** (griego) Amable.
- **ERBERTO:** (germánico) El buen guerrero.
- **ERI:** (germánico) Vigilante.
- **ÉRICO / ÉRIC / ERIC:** (germánico) El que rige eternamente, el caudillo.
- **ERMELINDO:** (germánico) Ofrece a Dios sacrificios.
- **ERMINOLDO:** (germánico) El gobierno de la fuerza.

- **ERNESTO:** (germánico) El guerrero con vocación y voluntad de vencer.
- **EROS:** (mitológico) El dios del Amor para los griegos; en Roma se lo asimiló a Cupido.
- **ERVINO / ERWIN:** (germánico) Consecuente con los honores.
- **ESAÚ:** (hebreo) Hombre peludo o de cuerpo belludo.
- **ESCIPIÓN:** (latino) El que lleva bastón.
- **ESCOLÁSTICO:** (latino) El que enseña lo mucho que sabe.
- **ESCULAPIO:** (mitológico) Nombre dado por los romanos al dios griego Asclepio, que representaba la medicina.
- **ESDRAS:** (hebreo) Aquel a quien Dios ayuda.
- **ESOPO:** (griego) Buena señal, buen augurio.
- **ESPARTACO:** (griego) El sembrador.
- **ESPIRIDIÓN:** (griego) El de la canasta.
- **ESTANISLAO:** (eslavo) Gloria y alegría de su pueblo.
- **ESTEBAN:** (bíblico) Uno de los siete encargados diáconos de los pobres que fueron elegidos por los apóstoles en Jerusalén.

Significa "hombre coronado de gloria, por la victoria".

- **ESTRATÓN:** (griego) El hombre del ejército.
- **ESTRATÓNICO:** (griego) Que forma parte del ejército vencedor.
- **ESTURNO:** (germánico) El violento.
- **ETELBERTO:** (sajón) Variante de Adalberto.
- **ETERIO:** (griego) Límpido como el cielo.
- **EUBULIO:** (griego) El que da buen consejo.
- **EUCARIO:** (griego) Gracioso, caritativo.
- **EUCARPIO / EUCARPO:** (griego) El que da buenos frutos.
- **EUCLIDES:** (griego) Nombre de un geómetra alejandrino del siglo III a. C.; significa "muy celebrado".
- **EUDORO:** (griego) Hermoso regalo. En la mitología fue hijo de Hermes y Polimela, que acompañó a Patroclo en la guerra de Troya.
- **EUDOXIO:** (griego) Que tiene buen pensamiento.
- **EUFEBIO:** (griego) El tímido.
- **EUFEMIO:** (griego) De buen nombre, de buena reputación.
- **EUFRASIO:** (griego) El que tiene facilidad de palabra.

- **EUFRONIO:** (griego) El alegre. El que da placer.
- **EUGENIO:** (griego) El nacido noble.
- **EULALIO:** (griego) Elocuente al hablar.
- **EULOGIO:** (griego) El orador distinguido.
- **EUMENIO:** (griego) El bondadoso.
- **EUNICIANO:** (griego) De Eunice.
- **EUNO:** (griego) Intelecto, razón, entendimiento.
- **EUNOMIO:** (griego) Que tiene las leyes como método.
- **EUPILO:** (griego) De buena acogida.
- **EUPREPIO:** (griego) El que es decente.
- **EUPSIQUIO / EUSIQUIO:** (griego) De alma buena.
- **EUQUERIO:** (griego) De buena mano.
- **EURICO:** (germánico) Nombre de un rey visigodo del siglo V, iniciador de la conquista de España.
- **EURÍPIDES:** (griego) Nombre del trágico griego (s. V a. C.).
- **EUSEBIO:** (griego) Que posee buenos sentimientos, pío y respetuoso.
- **EUSTACIO:** (griego) Bien fundado, bien construido.

- **EUSTAQUIO:** (griego) El poseedor de las espigas de trigo.
- **EUSTASIO:** Variante de Eustacio.
- **EUSTOQUIO:** (griego) Buen tirador, hombre hábil; el de fría inteligencia.
- **EUSTORGIO:** (griego) El bien querido.
- **EUSTOSIO:** Variante de Eustaquio.
- **EUSTRATO:** (griego) El buen soldado.
- **EUTIMIO:** (griego) De buen humor.
- **EUTIQUIO:** (griego) El que tiene fortuna.
- **EUTRAPIO:** (griego) El que cambia, el que troca.
- **EUTROPIO:** Variante de Eutrapio.
- **EVANDO:** (griego) Es considerado un buen hombre.
- **EVANGELINO:** (griego) Lleva buenas nuevas.
- **EVARISTO:** (griego) El excelente.
- **EVELIO:** (hebreo) El que da vida.
- **EVENCIO:** (latino) El que tiene éxito.

- **EVERARDO:** (germánico) Astuto y fuerte como el jabalí.
- **EVODIO:** (griego) El que augura buen viaje.
- **EVRARDO:** Contracción de Everardo.
- **EVRULFO:** (germánico) El jabalí.
- **EXPEDITO:** (latino) Libre de estorbo.
- **EXUPERANCIO:** (latino) El que sobresale; el que es excelente, superior.
- **EXUPERIO:** (latino) El que supera, el que excede.
- **EYÉN:** (americano - araucano) Allá. Debe acompañarse con otro nombre que indique sexo.
- **EZEQUÍAS:** (hebreo) El que recibe fuerza de Dios.
- **EZEQUIEL / EXEQUIEL:** (hebreo) El que recibió la fuerza de Dios.
- **EZER:** (hebreo) Ayuda divina.
- **EZIO:** (latino) El de nariz aguileña.
- **EZRA:** (hebreo) El que ayuda.

- **FABIÁN:** (latino) El cumplidor.
- **FABIO / FAVIO:** (latino) El cultivador de habas.
- **FABRICIO / FABRIZIO:** (latino) Artífice que trabaja en sustancias duras. También artesano, hijo de artesanos.
- **FACUNDO:** (latino) El orador elocuente, convincente.
- **FADRIQUE:** Variante de Federico.
- **FALCO / FALCON:** (latino) El de vista aguda, el que ve lejos como el halcón.
- **FANTINO:** (latino) Infantil, inocente.
- **FANUEL:** (hebreo) Aquel que ve a Dios.
- **FARAÓN:** (egipcio) Habitante del gran palacio.
- **FARID:** (árabe) El único, el sin par.
- **FAUSTINIANO:** Variante de Fausto.
- **FAUSTINO:** Variante de Fausto.
- **FAUSTO:** (latino) Hombre con suerte. Que la fortuna lo favorece.
- **FEBE / FEBO:** (griego) El iluminado, el brillante como el sol.

- **FEDERICO / FEDERIGO:** (germánico) Caudillo de la paz, jefe pacífico.
- **FEDOR / FEODORO / FIODOR:** (ruso) Su traducción al castellano sería Teodoro.
- **FEDRO:** (griego) El de carácter magnífico, liberal.
- **FELIBERTO:** Variante de Filiberto.
- **FELICIANO:** (latino) Variante de Félix.
- **FELICÍSIMO:** (latino) Superlativo del derivado de Félix.
- **FELIO:** Diminutivo de Rafael.
- **FELIPE:** (bíblico) Uno de los doce discípulos de Jesús. Significa "el amante del arte ecuestre; aficionado a los caballos".
- **FELISARDO:** (latino) El que es valiente y diestro.
- **FÉLIX:** (latino) Hombre de suerte. Afortunado.
- **FERGUS:** (irlandés) Hombre selecto.
- **FERMÍN:** (latino) El de carácter constante y determinado.
- **FERNÁN:** Variante de Fernando.

- **FERNANDO / FERDINANDO:** (germánico) Guerrero que combina la valentía y la audacia. Variantes: Hernando, Hernán, Fernán.
- **FESTO:** (latino) Lleno de placer.
- **FIACRO:** (latino) El soldado, el combatiente.
- **FIDEL / FIDELIO:** (latino) El hombre fiel, digno de confianza.
- **FIDENCIANO:** (latino) El que tiene confianza; seguro de sí mismo.
- **FIDENCIO:** Variante de Fidenciano.
- **FILADELFO / FILADEMO:** (griego) El que tiene amor por sus hermanos.
- **FILARCO:** (griego) El preferido de todos.
- **FILEAS:** (griego) Amistoso.
- **FILEMÓN:** (griego) De carácter agradable.
- **FILIBERTO / FILIBERT:** (germánico) Hombre de cualidades brillantes.
- **FILIPE:** Variante de Felipe.
- **FILOCTETES:** (mitológico) Uno de los pretendientes de Helena de Troya.
- **FILÓGONO:** (griego) El amigo o el que goza con su linaje.
- **FILÓN:** (griego) Amigo.

- **FIRMO:** (latino) Firme, fuerte, duradero.
- **FLAMINIO:** (latino) De la clase de los sacerdotes.
- **FLAVIO / FLAVIANO:** (latino) El niño nacido con rubios cabellos.
- **FLOREAL:** (latino) Celebración de las flores. Resurgir de la vida.
- **FLORENCIO / FLORENTINO:** (latino) El similar a las flores.
- **FLORENTE:** (latino) El floreciente.
- **FLORIÁN / FLORIO / FLORIANO:** (latino) Que resplandece como las flores.
- **FLORIMUNDO:** (germánico) El que es sabio y protege.
- **FOCIO:** (latino) Iluminado, resplandeciente.
- **FOLCO:** (germánico) El hombre del pueblo.
- **FORMERIO:** (latino) Bello, bien formado.
- **FORTUNATO:** (bíblico) Favorecido por la suerte.
- **FOTINO:** (griego) El brillante, el luminoso.
- **FRANCISCO / FRANCESCO / FRANCO / FRANCIS / FRANK / FIEDRICH:** (germánico) El porta estandarte de la batalla. Otro significado es "hombre libre" y, según la variante latina, "el que vino de Francia".

- **FRATERNO:** (latino) Que es como un hermano.
- **FREDIANO:** (germánico) El pacífico.
- **FRIDOLFO:** (germánico) El guerrero que protege.
- **FRIDOLINO:** (germánico) Hombre que ama la paz.
- **FROBERTO:** Variante de Roberto.
- **FROILÁN:** (germánico) El amo.
- **FRUCTUOSO:** (latino) Que da muchos frutos.
- **FRUMENCIO:** (latino) El que provee el trigo.

- **FULBERTO:** (germánico) El que brilla entre el pueblo.
- **FULCO / FULK:** Variantes de Folco.
- **FULGENCIO:** (latino) El que sobresale por su gran bondad.
- **FULRADO:** (germánico) El que es consejero. Que da consejos al pueblo.
- **FULVIO:** (latino) El hombre de cabellos color bermellón.
- **FUTIEL:** (hebreo) Dios protege mi fortaleza.

- **GABINO:** (latino) El hijo del carpintero.
- **GABRIEL:** (bíblico) Nombre propio de un ángel. Significa "el que trae la fuerza y el poder de Yahveh".
- **GAD:** (hebreo) El que trae la fuerza y el poder de Yahveh (Dios).
- **GADIEL:** (hebreo) Fortuna divina.
- **GAETAN / GAETANO:** Variante portuguesa de Cayetano.
- **GAL:** Variante catalana de Galo. Debe acompañarse con otro nombre que indique sexo.
- **GALDINO:** (griego) El que es sereno y vive en paz.
- **GALEASO:** (latino) Protegido por un yelmo.
- **GALENO:** (griego) El que hace una vida serena y pacífica.
- **GALERIO:** (latino) El que lleva escudo para defenderse.
- **GALILEO:** (hebreo) Oriundo de Galilea.
- **GALINDO:** (latino) El originario de la Galia.
- **GALO:** (latino) El gallo.
- **GAMAL:** (hebreo) Que Dios es su recompensa.
- **GAMALIEL:** (hebreo) Dios me ha recompensado.
- **GAMELBERTO:** (germánico) Ilustre por su vejez.
- **GANDOLFO:** (germánico) El guerrero valiente.
- **GANÍMEDES:** (mitológico) Era el más bello de los mortales. Príncipe troyano.
- **GARCÍA / GARCILASO:** (vasco) El oso del llano.
- **GARIBALDO:** (germánico) El que es audaz con la lanza.
- **GAROA:** (vasco) "El helecho".
- **GASPAR:** (persa) El que Dios puso para que vigile atento sobre sus bienes. Dueño del aroma.
- **GASTÓN:** (germánico) El visitante que recibimos como huésped y que nos trae o nos anuncia cosas.
- **GAUDENCIO:** (latino) El que está exultante, alegre, contento.
- **GAUDIOSO:** (latino) El que está alegre, gozoso.

- **GAUSBERTO:** (germánico) El resplandor del godo.
- **GEBERTO:** (germánico) El gran dadivoso.
- **GEDEÓN:** (hebreo) El que destruye a sus enemigos.
- **GELANOR:** (griego) El hombre que sonríe.
- **GELASIO:** (griego) El que sonríe, el que tiene la sonrisa en los labios.
- **GELIMAR:** (germánico) El que es feliz por la fama que tiene.
- **GEMELO:** (latino) El mellizo.
- **GEMINIANO:** (latino) Deriva de la palabra "geminus", que significa "gemelo".
- **GENARO / JENARO:** (latino) El que fuera consagrado al Dios Jano.
- **GENERAL:** (latino) El de linaje que se distingue.
- **GENEROSO:** (latino) Noble por nacimiento.
- **GENUINO:** (latino) El que tiene cualidades de nacimiento.
- **GERANIO:** (griego) Que es como la grulla.
- **GERARDO / GERALDO:** (germánico) El que domina con su lanza.
- **GERÁSIMO:** (griego) Premio, recompensa.
- **GERBERTO:** (germánico) El que es diestro con la lanza.
- **GERBRANDO:** (germánico) La espada.
- **GEREMÍAS:** Variante de Jeremías.
- **GEREÓN:** (germánico) El de la lanza.
- **GERMÁN / GERMANO:** (latino) Proviene de "germanus", hermano.
- **GERMÁNICO:** (latino) Perteneciente a Germania.
- **GERMINAL:** (latino) El que germina o echa brotes.
- **GEROLDO:** Variante de Geraldo.
- **GERONCIO:** (griego) El anciano.
- **GERÓNIMO:** Variante de Jerónimo.
- **GERSON:** (hebreo) El que peregrina.
- **GERUNDIO:** (latino) El que soporta las pruebas.
- **GERVASIO:** (germánico) El poderoso lancero.
- **GESUALDO:** (germánico) El que está en la prisión real.
- **GETULIO:** (latino) El que vino de Getulia, comarca del norte de África.
- **GIAN:** (italiano) Variante de Juan.
- **GIANCARLO:** (italiano) Contracción de Juan Carlos.
- **GIANFRANCO:** (italiano) Contracción de Juan Francisco.
- **GIANLUCA:** (italiano) Contracción de Juan Lucas.

- **GIANMARCO:** (italiano) Contracción de Juan Marcos.
- **GIANNI:** (italiano) Diminutivo de Juan.
- **GIL:** (latino) Piel de cabra.
- **GILBERTO / GILBERT:** (germánico) La espada que más brilla en la batalla.
- **GILDO:** Variante de Hermenegildo.
- **GINÉS:** (griego) Es el que engendra vida.
- **GIORDANO:** (hebreo) Variante de Jordán.
- **GIORGIO:** (italiano) Variante de Jorge.
- **GIOVANNI:** (italiano) Variante de Juan.
- **GIRALDO:** Variante de Geraldo.
- **GISULFO:** (germánico) El guerrero prisionero.
- **GIULIANO:** (italiano) Variante de Julián.
- **GIUSEPPE:** (italiano) Variante de José.
- **GLAUCO:** (griego) Del color del mar. Debe acompañase con otro nombre que indique sexo.
- **GLICERIO:** (griego) Amable y dulce.
- **GODERICO:** (germánico) El que posee el poder de Dios.
- **GODOFREDO / GODFRED:** (germánico) Que vive en la paz que da el Señor.
- **GODOLÍAS:** (hebreo) Mi grandeza está en el señor.
- **GODUINO:** (germánico) El amigo de Dios.
- **GOLIAT:** (hebreo) Peregrino.
- **GONTRAN:** (germánico) Ave de guerra.
- **GONZALO:** (germánico) Guerrero salvado en el combate.
- **GORDON:** (celta) El de la colina.
- **GORGONIO:** (griego) El violento.
- **GOSVINO:** (germánico) Amigo de Dios.
- **GOTARDO:** (germánico) Valiente gracias a Dios.
- **GRACIÁN:** (latino) Que posee la gracia.
- **GRACIANO / GRATO / GRAZIÁN:** (latino) El reconocido por Dios.
- **GRACILIANO:** (latino) Delgado, sutil.
- **GREGORIO / GREGOR:** (latino) El que está vigilante sobre su congregación.
- **GRIMALDO:** (germánico) El poderoso que protege.
- **GUALBERTO / GUADALBERTO:** (germánico) El que brilla por su gran poderío.

- **GUALTERIO:** (germánico) El jefe del ejército.
- **GUARINO:** (germánico) El que defiende bien.
- **GUIDO:** (germánico) El guía, el baqueano.
- **GUILLERMO:** (germánico) El que protege con voluntad de hierro.
- **GUIOMAR:** (germánico) Guirnalda de flores. La floresta.
- **GUMARO:** (germánico) Hombre del ejército, disciplinado.
- **GUNDERICO:** (germánico) El que es poderoso en la guerra.

- **GUNEBALDO:** (germánico) El que lucha bien en la batalla. Variante de Hernando.
- **GUNFREDO:** (germánico) El que lucha por la paz.
- **GUNTER:** (germánico) El gran guerrero.
- **GUSTAVO:** (germánico) Que está a la par del Rey.
- **GUY:** Variante de Guido.
- **GUZMÁN:** (germánico) Hombre de Dios.

- **HABIB / HABID:** (hebreo) El que es querido.
- **HADULFO:** (germánico) El lobo del combate.
- **HAMAN:** (persa) El grande, el supremo.
- **HAMÍLCAR:** (inglés) Variante de Amílcar.
- **HAMLET:** (inglés) Aldea.
- **HAROLDO:** (germánico) Caudillo militar.
- **HARRY:** (germánico) Caudillo militar.
- **HASABUC:** (hebreo) El que abraza a Dios.
- **HASDRÚBAL:** Variante de Asdrúbal.
- **HASSAN:** (árabe) El hermoso joven.
- **HAZIEL:** (hebreo) Visión de Dios.
- **HEBER:** (hebreo) El que hace alianzas.
- **HEBERTO:** Contracción de Herberto.
- **HÉCTOR:** (mitológico) Hijo primogénito de Hécuba y de Príamo, reyes de Troya. Fue el más vigoroso defensor de la ciudad cuando ésta fue sitiada por los griegos. Significa "el que posee, el que protege, el que defiende, soporte".
- **HEGESIPO:** (griego) El arreador de caballos.
- **HELADID:** Variante de Eladio.
- **HELCÍAS:** (hebreo) La herencia de Dios.
- **HELDRADO:** (germánico) El consejero del guerrero.
- **HELI:** (hebreo) Aquel que se ofrece a Dios.
- **HELIO:** Variante de Helios.
- **HELIODORO:** (griego) Regalo de Dios.
- **HELIOGÁBALO:** (sirio) Adorador del Sol.
- **HELIOS:** (mitológico) "El Sol". Para los egipcios fue Osiris, para los fenicios Adonis y para los romanos Febo o Apolo.
- **HELVECIO:** (latino) Habitante de Helvecia, Suiza.
- **HENOCH:** Variante de Enoch.
- **HENRY:** (inglesa) Variante de Enrique.

- **HERÁCLEOS:** (griego) Perteneciente a Hércules.
- **HERACLES:** (griego) Gloria sacra.
- **HERACLIO:** Variante de Heracleos.
- **HERÁCLITO:** (griego) Amante de lo sagrado.
- **HERALDO:** Variante de Haroldo.
- **HERCULANO:** (latino) Perteneciente a Hércules.
- **HÉRCULES:** (etrusco) Corredor veloz.
- **HERIBERTO / HERBERT:** (germánico) Gloria y orgullo de su propio ejército.
- **HERMÁGORAS:** (griego) El discípulo de Hermes.
- **HERMAN:** (germánico) El hombre del ejército.
- **HERMELINDO / HERMALINDO:** (germano) El que es como escudo de fuerza.
- **HERMENEGILDO:** (germánico) El que hace grandes regalos a Dios.
- **HERMENERICO:** (germánico) El poderoso por sus guerreros.
- **HERMES:** (griego) El que anuncia.
- **HERMINIO:** (germánico) Consagrado al Todopoderoso.
- **HERMÓGENES:** (griego) El enviado de Hermes.

- **HERNÁN:** Variante de Hernando.
- **HERNANDO:** Variante de Fernando.
- **HERNANI:** (vasco) Significa "en lo alto de la colina despejada".
- **HERODES:** (hebreo) Serpiente con boca de fuego. Dragón.
- **HERÓDOTO:** (griego) Don sagrado.
- **HERON:** (latino) Héroe.
- **HEROS:** Variante de Heron.
- **HERVÉ:** (bretón) Activo en el combate.
- **HESIQUIO:** (griego) Tranquilo.
- **HIGINIO / HYGIN:** (griego) Que goza de buena salud.
- **HILARIO / HILARIÓN:** (latino) El que es festivo y alegre.
- **HILDEBERANDO:** (germánico) El fuego de la batalla.
- **HILDEBRANDO:** Contracción de Hildeberando.
- **HILDEMARO:** (germánico) Famoso en el combate.
- **HIPARCO:** (griego) El que sabe dominar su caballo.
- **HIPÓCRATES:** (griego) Príncipe dominador de caballos.
- **HIPÓLITO:** (griego) El amante de los caballos. Conductor de caballos.
- **HIRAM:** (hebreo) "El hermano es excelso".

- **HIRAN:** Variante de Hiram.
- **HOMERO:** (griego) El que no ve. El ciego.
- **HONESTO:** (latino) El que es honesto, decoroso.
- **HONORATO:** (latino) El que ha sido honrado.
- **HONORIO:** (latino) Que merece grandes honores.
- **HORACIO:** (latino) El que ve pasar las horas.
- **HORANGEL:** (griego) El mensajero de las alturas o de la montaña.
- **HORTENSIO / HORTENCIO:** (latino) El que ama su huerto.
- **HOSPICIO:** (latino) El que alberga.
- **HUAPI:** (americano - mapuche) Isla.

- **HUBERTO / HUBERT:** (germánico) El de clara inteligencia.
- **HUENU:** (americano - araucano) Cielo. Debe acompañarse con otro nombre que indique sexo.
- **HUGO / HUGOLINO:** (germánico) Hombre de espíritu e inteligencia clara.
- **HULLEN:** (americano - mapuche) La primavera.
- **HUMBALDO:** (germánico) El que es audaz como un cachorro.
- **HUMBERTO / HUMBERT:** (germánico) El de larga fama.
- **HUSAI:** (hebreo) El apresurado.

- **IAGO:** (hebreo) Jacob o Jacobo. El que reemplazó a su hermano.
- **IAN:** Variante de Juan.
- **IBERIO / IBÉRICO / ÍBERO:** (latino) El que nació o vino de la Península Ibérica.
- **IBI:** (aborigen) Tierra.
- **ÍCARO:** (mitológico) Hijo de Dédalo, escapó con su padre de la isla de Creta merced a un par de alas que llevaba pegadas con cera en la espalda.
- **IDUMEO:** (latino) El que descendió de Edom.
- **IGNACIO:** (latino) El encendido. De carácter fogoso, ardiente.
- **IGOR:** (escandinavo) El héroe.
- **ILDEFONSO:** (germánico) Guerrero muy ágil en combate.
- **ILIDIO:** (latino) Propio de la tropa.
- **ILUMINADO:** (latino) Que recibe la inspiración de Dios.
- **IMANOL:** (vasco) Equivalente al nombre Manuel.
- **INCA:** (americano - quechua) El príncipe.

- **INDALECIO:** (árabe) Aquel que igualó al maestro.
- **INOCENCIO:** (árabe) El puro, el que está sin manchas o culpas.
- **INTI:** (americano - aymará) Nombre que le daban los incas al sol, a quien consideraban el ser supremo. Debe acompañarse con otro nombre que indique sexo.
- **IÑAKI / IÑAQUI:** (vasco) Variante de Ignacio.
- **IÑIGO:** (latino) Variante de Ignacio.
- **ION:** (griego) El que camina.
- **IOSEF:** Variante de José.
- **IOSHUA:** Variante de Joshua.
- **IRENEO / IRINEO:** (griego) Que ama la paz.
- **ISAAC:** (hebreo) El hijo venido con alegría.
- **ISACAR:** (hebreo) El dado por merced de Dios.
- **ISACHAR:** Variante de Isacar.
- **ISÁGORAS:** (griego) El que equilibra las discusiones.
- **ISAÍAS:** (bíblico) Profeta nacido en Jerusalén. Considerado, entre

los profetas, como el mejor escritor hebreo. Significa "Jehová es la salvación".

- **ISBOSET:** (hebreo) El que confunde.

- **ISIDORO:** (griego) El don de Isis. Isis era la diosa egipcia que simbolizaba a la madre.

- **ISIDRO:** (egipcio) Regalo de la diosa Isis. Variante: Isidoro.

- **ISMAEL:** (hebreo) Significa "Yahveh ha escuchado mis súplicas".

- **ISÓCRATES:** (griego) Que puede tanto como el otro.

- **ISOD:** (hebreo) Lucha y prevalece Dios, el antagonista del Ángel.

- **ISRAEL:** (hebreo) El antagonista del ángel. El que lucha con él.

- **ÍTALO:** (latino) Italiano.

- **ITAMAR:** (hebreo) Natural de la isla de los palmares.

- **ITTAY:** (bíblico) Jefe de una tropa mercenaria filistea que luchó al servicio de David, al cual permaneció fiel.

- **IVÁN:** (escandinavo - eslavo) Variante de Juan.

- **IVES:** (francés) Equivalente al nombre Juan.

- **IVO:** Puede ser derivado de Juan. Es el que aboga por los pobres.

- **JABEL:** (hebreo) Que fluye como el arroyo.
- **JACINTO:** (griego) Bello como la flor que lleva el mismo nombre.
- **JACOB / JACOBO:** (hebreo) El sustituto de su hermano. De él deriva el nombre Santiago (Sant - Iago). Santiago significa San Jacobo.
- **JACQUES:** (francés) Equivalente al nombre Jacobo.
- **JAEL:** (hebreo) Como la cabra del monte.
- **JAFET:** (hebreo) Que crece y se expande.
- **JAIME:** (hebreo) Variante de Jacobo.
- **JAIR:** Forma reducida de Jairo.
- **JAIRO:** (bíblico) Jefe judío de la sinagoga. Uno de sus hijos fue resucitado por Jesús. Significa "el que fue tocado con la luz. El iluminado".
- **JALIL:** (árabe) Amigo.
- **JALISSAT:** (árabe) El que recibe poco, da más.

- **JAMES:** (griego) Que es muy instruido.
- **JANO:** (hebreo) De tanto esplendor y luz como el sol.
- **JANSENIO:** (hebreo) Variante de Juan.
- **JASÓN:** (griego) El que cura todas las enfermedades.
- **JAVIER:** (vasco) El habitante del nuevo solar.
- **JEAN:** (hebreo) Dios se ha apiadado.
- **JECONÍAS:** (hebreo) Aquel a quien Dios le da fuerzas.
- **JEFTE:** (hebreo) Al que Dios le abre el camino.
- **JEHOVÁ:** (hebreo) Yo soy el que soy.
- **JEHV:** (hebreo) El es Dios.
- **JENARO:** (latino) De la palabra "ianuarius", que significa "cuero". Consagrado al dios Jano.
- **JENÓCRATES:** (griego) Que obtuvo sus riquezas en el extranjero.
- **JENOFONTE:** (griego) El extranjero que habla mucho.

- **JEREMÍAS:** (hebreo) El elevado.
- **JEREMY:** (Inglés) Variante de Jeremías.
- **JEROBAAL:** (hebreo) Baal se ha de vengar.
- **JEROBOAM:** (hebreo) El que viene de un pueblo numeroso.
- **JERÓNIMO:** (griego) Nombre divino, sagrado.
- **JERSES:** (persa) El que guerrea.
- **JERUSALÉN:** (hebreo) Lugar de paz.
- **JESABEL / JEZABEL:** (hebreo) Juramento de Dios.
- **JESE:** (hebreo) El que vive plenamente.
- **JESUALDO:** (germánico) El que lleva la lanza de mando.
- **JESÚS:** (hebreo) Redentor de los hombres.
- **JETRO:** (hebreo) El que es mejor que todos.
- **JEUEL:** (hebreo) Tesoro de Dios.
- **JEZRAEL:** (hebreo) Lo que Dios sembró.
- **JOAB:** (hebreo) Dios es mi padre.
- **JOACAZ:** (hebreo) Dios te sostiene.
- **JOAD:** (hebreo) El Señor es todo-poderoso.
- **JOAN:** (catalán) Variante de Juan.
- **JOAQUÍN:** (hebreo) La firmeza de su vida la recibe de Dios.
- **JOÁS:** (hebreo) El auxilio de Dios.
- **JOATAN:** (hebreo) Dios es justicia.
- **JOB:** (hebreo) El que es perseguido.
- **JOEL:** (hebreo) Dios es su Señor.
- **JOHANN:** (alemán) Variante de Juan.
- **JON:** (escandinavo) Variante de Juan.
- **JONÁS:** (hebreo) Sencillo como una paloma.
- **JONATÁN:** (hebreo) Don del señor.
- **JONATHAN:** (sajón) Variante de Jonatán.
- **JORAN:** (hebreo) El que Jehová ha exaltado.
- **JORDÁN:** (hebreo) El que va descendiendo.
- **JORDI:** Diminutivo de Jorge.
- **JORGE:** (griego) Hombre del agro. El buen campesino o labrador.
- **JOSAFAT:** (hebreo) El que toma como juez a Yahveh (Dios).
- **JOSCELINO:** (germánico) El que desciende de godos.
- **JOSÉ:** (hebreo) Dios quiera engrandecerle.
- **JOSEDEC:** (hebreo) El curado por Dios.

- **JOSUÉ:** (hebreo) Dios es su salvador.
- **JOVINO:** (latino) Del latín "iovis", relativo a Júpiter.
- **JUAN:** (hebreo) Poseedor de la gracia de Dios. Lleno de ella.
- **JUBAR:** (hebreo) El que está lleno de melodías.
- **JUCUNDO:** (latino) El alegre, que divierte.
- **JUDAS:** (hebreo) El que canta loas a Dios.
- **JULIÁN:** (latino) Variante de Julio.
- **JULIANO:** Variante de Julio.
- **JULIO:** (latino) El que tiene el cabello enrulado.
- **JUNÍPERO:** (latino) El que cada día que pasa es más joven.

- **JÚPITER:** (latino) Origen de la luz. Padre de la luz.
- **JUSTINIANO:** Variante de Justo. Nombre de un famoso emperador que dictó el Código de Justicia Civil.
- **JUSTINO:** Variante de Justo.
- **JUSTO:** (latino / bíblico) Recto. Que vive de acuerdo con los mandamientos divinos.
- **JUVENAL:** (latino) El joven inexperto que necesita consejo y ayuda. El eternamente joven.
- **JUVENCIO / JUVENTINO:** (latino) Juventud.

- **KALED:** (árabe) Inmortal, quien vive eternamente.
- **KALIL / KHALIL:** Variante gráfica de Jalil.
- **KAZUO:** (japonés) Hombre de paz.
- **KEI:** (japonés) Respetuoso.
- **KENJI:** (japonés) Sano, saludable.
- **KEN:** Diminutivo de Kennett.
- **KENNETH:** (gaélico) Bien asentado, sólido.

- **KENYATTA:** (africano) Músico.
- **KEVIN:** (irlandés) Nacimiento gentil, bello.
- **KILIANO:** (celta) Variante de Cecilio.
- **KIRIOS:** (griego) El soberano, el Señor.
- **KURT:** (germánico) Pequeño.

- **LABÁN:** (hebreo) Cándido, inocente.
- **LACOONTE:** (griego) El que vigila al pueblo.
- **LADISLAO / LADIO:** (eslavo) Astuto como gobernante glorioso.
- **LADOLFO:** (germánico) Astuto como un lobo en la ciudad.
- **LAERTES:** (griego) El que reúne al pueblo.
- **LAHUAL:** (americano - araucano) Alerce.
- **LAMBERTO:** (germánico) El que es famoso en su pueblo.
- **LAMEL:** (hebreo) El que es pobre.
- **LANCELOT:** (francés) El encargado de cargar con la lanza.
- **LANDEBERTO:** (germánico) Variante de Lamberto.
- **LANDELINO:** (germánico) El que es amigo de la tierra.
- **LANDERICO:** (germánico) Hombre de gran poder en su pueblo.
- **LANDOALDO:** (germánico) El que domina en su pueblo.

- **LANDOLFO:** (germánico) El guerrero del país; el lobo de su tierra.
- **LANFRANCO:** (germánico) Que es libre en su tierra.
- **LAOCOONTE:** Variante de Lacoonte.
- **LAOMEDONTE:** (griego) El soberano del pueblo.
- **LARGO:** (latino) El que es muy generoso.
- **LÁSTENES:** (griego) El que es unido con su pueblo.
- **LATINO:** (mitológico) Hijo de Odiseo y Circe, fue rey de los tirrenos.
- **LAUREANO:** Variante de Lauro.
- **LAURENCIO:** (latino) Laurel.
- **LAURENTINO:** (latino) Relativo al laurel.
- **LAURO / LAUREANO / LAURELINO / LAURENTINO:** (latino) Triunfador. Digno de laurel.
- **LAUTARO:** (americano - araucano) Nombre del héroe chileno que combatió a los españoles. Significa "el que tiene iniciativa y audacia".

- **LAUTÓN:** (latino) El que no tiene manchas.
- **LÁZARO:** (hebreo) Dios es mi auxilio.
- **LEAL:** (español) Remite a la virtud de la lealtad.
- **LEANDRO:** (griego) Hombre paciente en sus adversidades y sufrimientos.
- **LEARCO:** (griego) Jefe de su pueblo.
- **LELIO:** (latino) Que pertenece a la gens.
- **LEMUEL:** (hebreo) Consagrado a Dios, seguidor de Dios.
- **LEO:** (mitológico) Era el león de Nemea llevado al cielo como constelación.
- **LEOBALDO:** (germánico) El valiente defensor de su pueblo.
- **LEOBARDO:** (germánico) El intrépido entre su pueblo.
- **LEOBINO:** (germánico) El amigo cariñoso.
- **LEOCADIO:** (griego) Brillante en su blanco fulgor.
- **LEODEGARIO:** (germánico) Que defiende al pueblo con su lanza.
- **LEODOVALDO:** (germánico) Que gobierna a su pueblo.
- **LEODOWALDO:** Variante de Leodovaldo.
- **LEOFRIDO:** (germánico) Que trae la paz a su pueblo.
- **LEÓN:** (latino) Referido a la realeza y bravura del rey de la selva.
- **LEONARDO:** (latino) Que es fuerte y bravo como un león.
- **LEONCIO:** (griego) Leonino.
- **LEONEL / LIONEL:** (griego) Leoncito.
- **LEONELO:** Variante de Leonel.
- **LEÓNIDAS:** (griego) El que lucha como un león.
- **LEÓNIDES:** Variante de Leónidas.
- **LEONTINO:** (germano) Fuerte como un león.
- **LEOPOLDO:** (germánico) Valioso para el pueblo, patriota.
- **LEOVICILDO:** (germánico) El que es digno de ser amado por su pueblo.
- **LETO:** (latino) El que está alegre y gozoso.
- **LEUCO:** (griego) El luminoso.
- **LEVI:** (hebreo) Símbolo de unión entre los suyos.
- **LEVIO:** (latino) El que es zurdo.
- **LÍBANO:** (latino) Blanco.
- **LÍBER:** (latino) El que otorga abundancia.
- **LIBERAL:** (latino) El que ama la libertad.
- **LIBERATO:** Variante de Liberal.

- **LIBERIO:** Variante de Liberal.
- **LIBERTO:** Variante de Liberal.
- **LIBIO:** (latino) Oriundo de las tierras sin lluvia.
- **LIBORIO:** (latino) Natural de Líbora, España.
- **LICARIO:** (griego) El que es audaz como el lobo.
- **LICURGO:** (griego) Perseguidor de lobos.
- **LIHUE / LIHUEL:** (americano - araucano) Vida. Debe acompañarse con otro nombre que indique sexo.
- **LINCOLN:** (galés) Oriundo del río.
- **LINDOLFO:** (germánico) El que protege.
- **LINDOR:** (latino) Apuesto, seductor.
- **LINDORICURGO:** (griego) Perseguidor de lobos.
- **LINO:** (bíblico) Nombre de un cantor divino. Cristiano de Roma.
- **LISANDRO:** (griego) El que libera a los hombres.
- **LISARDO:** (hebreo) El que defiende a Dios.
- **LISÍAS:** (griego) El libertador.
- **LISIMACO:** (griego) El que decide en el combate.
- **LISISTRATO:** (griego) Soldado del ejército libertador.
- **LITORIO:** (latino) El que administra justicia.
- **LIVIO:** (latino) De color aceitunado.
- **LONGINOS:** (griego) Hombre alto.
- **LOPE:** (latino) Procede de "lupus", lobo.
- **LORENZO:** (griego) Victorioso coronado con el laurel.
- **LORETO:** (latino) Hermoso cual bosque de laurel.
- **LOT:** (hebreo) Rostro cubierto.
- **LOTARIO:** (germánico) El guerrero de ilustre prosapia.
- **LOUIS:** (Inglés) Variante de Luis.
- **LOYOLA:** (latino) El que tiene un lobo en su escudo.
- **LUANO:** (latino) Manantial.
- **LUBOMIRO:** (eslavo) El que ama la paz.
- **LUCA:** (Italiano) Variante de Lucas.
- **LUCANO:** (latino) Matinal, matutino.
- **LUCARIO:** (latino) El que cuida los bosques.
- **LUCAS:** (bíblico) Refulgente de luz. Fruto diurno. Nacido en la luz.
- **LUCERO:** (latino) El que lleva luz.
- **LUCIAN:** (francés) Variante de Luciano.
- **LUCIANO:** Variante de Lucio.

- **LUCIFER:** (latino) El que lleva la luz. Portador de claridad.
- **LUCIO:** Variante de Lucas.
- **LUCRECIO:** (latino) Crepúsculo de aurora.
- **LUDGERO:** (germánico) El que es famoso por su lanza.
- **LUDOLFO:** (germánico) El guerrero famoso.
- **LUDOMIRO:** (eslavo) El que trae la paz a su pueblo.
- **LUDOVICO:** (germánico) El guerrero famoso, amigo de la gente.
- **LUIGI:** (Italiano) Variante de Luis.
- **LUIS:** (germánico) Guerrero de fama.
- **LUITBERTO:** (germánico) Que brilla entre los suyos.
- **LUITPRANDO:** (germánico) La llama heroica del pueblo.
- **LUPERCO:** (latino) Ahuyentador de lobos.
- **LUPO:** (latino) Lobo.
- **LUTARDO:** (germánico) Que es valiente en su pueblo.

- **MACABEO:** (hebreo) Significa "Quién como tú entre los dioses".
- **MACARIO:** (griego) El que es feliz y bienaventurado.
- **MACEDONIO:** (griego) Aquel a quien engrandecen sus triunfos.
- **MACIEL:** (latino) El que es flaco.
- **MACROBIO:** (griego) El que goza de larga vida.
- **MADIAN:** (hebreo) Lugar de juicio.
- **MADOX:** (celta) El que es ardiente.
- **MAE:** (latino) Dios de la guerra.
- **MAGÍN:** (latino) El que es imaginativo.
- **MAGNO:** (latino) Grande, de gran fama.
- **MAHOMA:** (árabe) El que merece elogios.
- **MAINQUE:** (americano - mapuche) Cóndor. Debe acompañarse con otro nombre que indique sexo.
- **MAJENCIO:** (latino) El que tiene cada vez más fama.
- **MALAQUÍAS:** (hebreo) El que lleva los mensajes de Dios.
- **MALCO / MALCOM / MALCOLM / MALCON:** (hebreo) El que es como un rey.
- **MAMERTINO:** (latino) Deriva de "mamertinus", gentilicio de los habitantes de Mesina, en Sicilia.
- **MAMERTO:** (latino) El que vino de Mamertium, Italia.
- **MAMPU:** (americano - araucano) Caricia. Debe acompañarse con otro nombre que indique sexo.
- **MANASES:** (hebreo) El que se olvida de todo.
- **MANCIO:** (latino) El que adivina.
- **MANFREDO:** (germánico) El que tiene la fuerza que se necesita para lograr la paz. También significa "hombre pacífico".
- **MANILA:** (latino) El que tiene las manos pequeñas.
- **MANLIO:** (latino) El que nació de mañana.
- **MANÓN:** Variante masculina de María.
- **MANSUETO:** (latino) El que es manso y sosegado.

- **MANSUINO:** (germánico) Amigo de los hombres.
- **MANUEL:** (hebreo) Dios está entre nosotros.
- **MANSSUR:** (árabe) El vencedor, el que venció sobre todos.
- **MARC:** Forma reducida de Marcos.
- **MARCEL:** (francés) Variante de Marcelo.
- **MARCELIANO:** Variante de Marcelo.
- **MARCELINO:** (latino) Martillo pequeño; variante de Marcos.
- **MARCELO:** (latino) Maza pequeña; el que maneja el martillete.
- **MARCIAL:** (latino) El que combate; el hombre de guerra.
- **MARCIANO:** (latino) Guerrero.
- **MARCIO:** (latino) Aquel consagrado al dios Marte. Por ello también significa o refiere al que nace un día martes o en el mes de marzo. Variante: Martín.
- **MARCO:** (italiano) Variante de Marcos.
- **MARCOLFO:** (germánico) El lobo de las fronteras.
- **MARCOS:** (latino) El que trabaja con el martillo.
- **MARDONIO:** (persa) El hombre guerrero.

- **MARDOQUEO:** (hebreo) El que adora al dios de la guerra.
- **MARIANO:** (latino) Relativo a María.
- **MARINO:** (latino) El que ama el mar.
- **MARIO:** (latino) Varonil, gallardo.
- **MARMADUQUE:** (celta) El que guía en el mar.
- **MARÓN:** (árabe) El santo varón.
- **MARTE:** (latino) Dios de la guerra.
- **MARTÍN:** (latino) Aquel que fue consagrado al dios Marte. Por extensión, el que nace un día martes o en el mes de marzo.
- **MARTINIANO:** Variante de Martín.
- **MARTINO:** (latino) Nacido el día martes.
- **MÁRTIR:** (griego) El que da testimonio de fe.
- **MÁSSIMO:** (italiano) Variante de Máximo.
- **MATEO:** (hebreo) El ofrendado a Dios. Variante: Matías.
- **MATÍAS:** (hebreo) Variante de Mateo.
- **MATUSALÉN:** (hebreo) El varón de Yahveh.
- **MAURICE:** (francés) Variante de Mauricio.

- **MAURICIO:** Variante de Mauro.
- **MAURIZIO:** (italiano) Variante de Mauricio.
- **MAURO:** (latino) El que tiene la piel oscura.
- **MAX:** Hipocorístico de Máximo.
- **MAXIMIANO:** Variante de Máximo.
- **MAXIMILIANO:** Variante de Máximo.
- **MAXIMINO:** Variante de Máximo.
- **MÁXIMO:** (latino) Superlativo de grande.
- **MEDARDO:** (sajón) Que debe ser honrado y distinguido.
- **MEDORO:** (latino) El que sana las enfermedades.
- **MEGINARDO:** (germánico) El que es fuerte en el poder.
- **MELAMPO:** (griego) El de los pies negros.
- **MELANIO:** (griego) De piel negra.
- **MELCHOR:** (hebreo) Rey de la luz.
- **MELECIO:** (griego) El que es cuidadoso.
- **MELIBEO:** (griego) El que cuida los bueyes.
- **MELITÓN:** (griego) Natural de la isla de Malta.
- **MELPONEME:** (griego) El que tiene la voz dulce.

- **MELQUÍADES:** (hebreo) Rey por la gracia de Dios.
- **MELQUISEDEC:** (bíblico) Rey de Salem que, después de la victoria de Abraham sobre los reyes coaligados, le salió al encuentro y lo bendijo invocando a su Dios.
- **MENAJEM:** (hebreo) El consolador.
- **MENANDRO:** (griego) El varón activo y pujante.
- **MENAS:** (griego) Relativo al mes, relacionado con los meses.
- **MENEDEMO:** (griego) El que es la guía y la fuerza de su pueblo.
- **MENELAO:** (griego) El que guía a su pueblo en la guerra.
- **MENODORO:** (griego) Don de la Luna.
- **MENTOR:** (griego) El que educa.
- **MERCURIO:** (latino) Dios del comercio y los viajeros.
- **MERODAC:** (asirio) El pequeño rey.
- **MEROVEO:** (germánico) El guerrero célebre.
- **MERULO:** (latino) El que es fino como el mirlo.
- **METRÓFANES:** (griego) El que es parecido a su madre.
- **MEULÉN:** (americano - mapuche) Torbellino.

- **MICAEL:** Variante de Miguel.
- **MICHAEL:** (inglés) Variante de Miguel.
- **MICHEL:** (francés) Variante de Miguel.
- **MIDAS:** (griego) Hábil conductor de empresas.
- **MIGUEL:** (bíblico) En la tradición judía así como en la cristiana, el más noble de los ángeles.
- **MIJAIL:** Variante rusa de Miguel.
- **MILCÍADES:** (griego) Hombre de piel roja.
- **MILES:** (latino) Soldado.
- **MILTON:** (inglés) Natural del pueblo del molino.
- **MILLAN:** (latino) Amable.
- **MINERVIANO:** Variante de Minervo.
- **MINERVO:** (latino) Referente a Minerva, para los romanos la diosa de la inteligencia, equivalente a la divinidad griega Palas-Atenea.
- **MINOTAURO:** (mitológico) Ser con cabeza de toro y cuerpo de hombre, que habitaba un laberinto en la isla de Creta. Fue muerto por Teseo.

- **MIROCLES:** (griego) El que tiene fama como el aroma.
- **MIROSLAO:** (eslavo) El que es glorioso porque conquistó la paz.
- **MITRÍADES:** (persa) El que es un regalo del sol.
- **MODESTO:** (latino) Humilde, moderado.
- **MOHAMED:** (árabe) Variante de Mahoma.
- **MOISÉS:** (egipcio) El salvado de las aguas.
- **MONALDO:** (germánico) El que es prudente al gobernar.
- **MONITOR:** (latino) El que aconseja.
- **MONON:** Forma masculina de Mónica.
- **MORFEO:** (griego) El que hace ver cosas placenteras.
- **MUCIO:** (latino) El que soporta en silencio.
- **MUCHAMMAD:** Variante de Mohamed.
- **MUNIR:** (árabe) Es como una fuente de luz.
- **MUSTAFÁ:** (turco) El elegido.

- **NAAMAN:** (hebreo) El que es placentero y agradable.
- **NAASON:** (hebreo) El que es necio.
- **NABAL:** (hebreo) El que encanta por su simpatía.
- **NABOPOLASAR:** (asirio) Que Dios le dé vida a mi hijo.
- **NABOR:** (hebreo) Luz del profeta.
- **NABOT:** (hebreo) El profeta, el que posee el don.
- **NABUCODONOSOR:** (caldeo) Significa "El dios Nebo protege mi reinado".
- **NABUSARDÁN:** (caldeo) Dios protege mi linaje.
- **NACIANCENO:** (latino) El que vino de Nacianzo, Italia.
- **NACOR:** (hebreo) Jadeante, falto de aliento.
- **NADAB:** (hebreo) El que es noble y generoso.
- **NADAL:** Variante de Natal, Natalio.
- **NADIR:** (árabe) El opuesto.

- **NAHUEL:** (americano - mapuche) El león.
- **NAHUM:** (hebreo) El consolador, el que consuela.
- **NAIM:** (árabe) Deleitoso, de gran belleza.
- **NANFANIO:** (griego) El que es pequeño de estatura.
- **NAPOLEÓN:** (griego) El león del valle.
- **NARCISO:** (mitológico) Gustaba contemplar su belleza en las aguas de las fuentes. Significa "bello".
- **NARNO:** (latino) El que nació en Narnia, Italia.
- **NATAL:** (latino) Deriva de "natalis", que significa "día natalicio", referido al nacimiento de Jesús.
- **NATALIO:** (latino) Nacido en Navidad.
- **NATÁN:** (hebreo) Don de Yahveh (Dios).
- **NATANAEL:** (hebreo) Lo que Dios ha dado.
- **NATANIEL:** (hebreo) Regalo del Señor.

- **NAVAL:** (latino) El dios de las naves.
- **NAZARENO:** (hebreo) El ermitaño, el que hizo votos de soledad .
- **NAZARET / NAZARETH:** (hebreo) Brote florido. Debe acompañarse con otro nombre que indique sexo.
- **NAZARIO:** (hebreo) Consagrado a Dios.
- **NEANDRO:** (griego) El joven que es varonil.
- **NEARCO:** (griego) El nuevo príncipe.
- **NEBO:** (caldeo) El dios caldeo.
- **NEBRIDO:** (griego) Grácil como un cervatillo.
- **NECAO:** (egipcio) El que cojea.
- **NECTARIO:** (griego) El que endulza la vida con néctar.
- **NEFTALÍ:** (hebreo) Al que Dios ayuda en su lucha. El que lucha y sale victorioso.
- **NEHEMÍAS:** (hebreo) Dios es el que consuela.
- **NEHUÉN:** (americano - araucano) Fuerte. Debe acompañarse con otro nombre que indique sexo.
- **NELSON:** (inglés) Patronímico inglés de Neil, que significa "hijo de Neil".
- **NEMESIANO:** Variante de Nemesio.
- **NEMESIO:** (griego) El que distribuye las cosas con justicia.
- **NEMORIO:** (latino) El que vive en el bosque.
- **NEMROD:** (hebreo) El que es rebelde.
- **NEOCLES:** (griego) El que adquiere nueva gloria.
- **NEÓFITO:** (griego) Que es retoño de vida nueva.
- **NEÓN:** (griego) Que es joven.
- **NEOPOLO:** Variante de Napoleón.
- **NEPOMUCENO:** (eslavo) El que auxilia y ayuda.
- **NEPOTE:** (latino) El nieto, el familiar.
- **NEPTUNO:** (griego) Dios de las aguas, océanos y mares.
- **NEREO:** (griego) El que tiene poder en el mar.
- **NERIO:** (griego) El que viaja sobre el mar, se desplaza sobre él.
- **NERÓN:** (latino) Muy fuerte e intrépido.
- **NESTABO:** (griego) El que ayuna.
- **NÉSTOR:** (griego) El recordado.
- **NESTORIO:** Variante de Néstor.
- **NEYÉN:** (americano - araucano) Respiro, soplo suave de animal. Debe acompañarse con otro nombre que indique sexo.

- **NICANDRO:** Variante de Nicanor.
- **NICANO:** (bíblico) Cristiano helenista, uno de los siete elegidos por los apóstoles para el cuidado de los pobres. Significa "el victorioso".
- **NICASIO:** (griego) El vencedor.
- **NICEAS:** (griego) El de la gran victoria.
- **NICÉFORO:** (griego) El que define la victoria con su presencia.
- **NICETO:** (griego) El vencedor.
- **NICOCLES:** (griego) El que logra una gran victoria.
- **NICODEMO:** (griego) Pueblo victorioso.
- **NICOLA:** (italiano) Variante de Nicolás.
- **NICOLÁS:** (griego) El que condujo al pueblo a la victoria. Vencedor de multitudes.
- **NICOMEDES:** (griego) El que planeó exitosamente su victoria.
- **NICÓN:** (griego) El victorioso.
- **NICOSTRATO:** (griego) El general que conduce a la victoria.
- **NIGEL:** (latino) El de la tez morena.
- **NILO:** (egipcio) Fuente de vida dada por Dios.
- **NINO:** (caldeo) El dueño de sus palacios.
- **NITARDO:** (germánico) El firme y valiente.
- **NODGAR:** (griego) El que lleva la lanza en el combate.
- **NOÉ:** (hebreo) El que ha recibido consuelo.
- **NOEL:** Variante de Natalio.
- **NOLASCO:** (latino) El que se va pero promete regresar.
- **NOLBERTO:** (germánico) Variante de Norberto.
- **NONO:** (latino) "Padre mío".
- **NORBERTO:** (germánico) Luz que viene del Norte.
- **NORMAN:** (normando) Guerrero del Norte.
- **NORMANDO:** Variante de Norman.
- **NOSTRIANO:** (latino) Que es de nuestra patria.
- **NOTBERTO:** (germánico) Luz que viene del Norte.
- **NOTHELMO:** (germánico) El que se protege con el yelmo en la acción del combate.
- **NOVACIANO:** (latino) El que fue renovado por la gracia.
- **NUELANIO:** (latino) El que es natural de Noela, España.
- **NUMA:** (griego) El que establece leyes.
- **NUNCIO:** (latino) El portador de mensajes.

- **OBADÍAS:** (hebreo) Siervo del Señor.
- **OBAL:** (hebreo) El que está desnudo.
- **OBDULIO:** (latino) El que suaviza las penas.
- **OBERON:** (latino) Príncipe de los elfos.
- **OCTAVIANO:** Derivado de Octavio.
- **OCTAVIO:** (latino) El vástago octavo de una familia.
- **ODEBERTO:** (germánico) Que brilla por sus posesiones.
- **ODENATO:** (latino) El que nació con el canto de una oda.
- **ODERICO:** (germánico) Tan noble y rico como un príncipe.
- **ODILÓN:** (germánico) Dueño de grandes bienes.
- **ODINO / ODÍN:** (escandinavo) El guerrero poderoso.
- **ODO:** (germánico) Fuerte.
- **ODOACRO:** (germánico) El que es custodio de la herencia.
- **ODÓN:** (germánico) El poderoso Señor.
- **ODRÁN:** (germánico) El que está alerta cuidando sus posesiones.
- **OFIR:** (hebreo) El feroz.
- **OLAF:** (germánico) Lleno de gloria.
- **OLALLA:** (catalán) El que bien habla.
- **OLAO:** (germánico) El que viene de Dios.
- **OLEGARIO:** (germánico) Que está dominado por el poder de su lanza.
- **OLIMPIO:** Variante de Olimpo.
- **OLIMPO:** (mitológico) Monte en cuya cima habitaban todos los dioses griegos.
- **OLINDO:** (latino) El que vino de Olinda, Grecia.
- **OLIVER:** Variante de Oliverio.
- **OLIVERIO:** Forma masculina de Olivia.
- **OMAR:** (árabe) Que tiene larga vida.
- **OMER:** Variante de Audemiro.
- **ONÁN:** (hebreo) Hombre fuerte.
- **ONESÍFORO:** (griego) El que tiene muchos frutos.

- **ONÉSIMO:** (griego) Hombre útil y provechoso.
- **ONOFRE:** (germánico) El defensor de la paz.
- **OPTATO:** (latino) Al que se busca y se quiere.
- **ORANGEL:** (griego) El mensajero de las alturas. Variante: Horangel.
- **ORDOÑO:** (vasco) Valiente y juvenil.
- **ORENCIO:** (griego) El juez que examina.
- **ORESTES:** (griego) Habitante de los montes.
- **ORFEO:** (griego) El que tiene una bella voz.
- **ORFILAS:** (germánico) Cachorro de lobo.
- **ORÍCULO:** (latino) El que oye poco.
- **ORIEL:** (griego) Que tiene bella voz.
- **ORIENTE:** (latino) Como el sol naciente.
- **ORÍGENES:** (griego) El que desciende de Horus, el dios egipcio.
- **ORIÓN:** (griego) Portador de las aguas.
- **ORLANDO:** (germánico) Orgullo de su tierra. Variante de Rolando.
- **ORONCIO:** (persa) El que corre, corredor.

- **OROZCO:** (griego) Que vive en los montes.
- **OROSIO:** (griego) El que habita en la montaña.
- **OSARIO:** (latino) El lugar donde reposan los huesos.
- **OSCAR:** (germánico) Lanza de los dioses.
- **OSEAS:** (hebreo) Significa "Dios es auxilio".
- **OSÍAS / OSEAS / OZÍAS:** (hebreo) Dios es mi sostén.
- **OSIRIS:** (egipcio) Esposo de Isis. El de vista poderosa.
- **OSMÁN:** (árabe) Pequeño y dócil como un avecilla.
- **OSMAR:** Variante de Osmaro.
- **OSMARO:** (germánico) Que brilla como la gloria de Dios.
- **OSMUNDO:** (germánico) El protector.
- **OSORIO:** (eslavo) Cazador de lobos.
- **OSVALDO:** (germánico) Gobernante divino.
- **OSWALDO:** Variante de Osvaldo.
- **OTELO:** (germánico) Señor rico y poderoso.
- **OTFRIDO:** (germánico) Que defiende su propiedad.
- **OTGERIO:** (germánico) Defiende su propiedad con la lanza.

- **OTILDE:** (teutón) Dueño de cuantiosa herencia.
- **OTNIEL:** (hebreo) El león pequeño de Dios.
- **OTÓN:** (germánico) Dueño de las riquezas y el poder.
- **OTONIEL:** Variante de Otniel.

- **OTTO:** (teutón) Dueño poderoso de sus bienes.
- **OVIDIO:** (latino) El que cuida las ovejas.
- **OWEN:** (galés) El joven guerrero.
- **OZIEL:** (hebreo) El que lleva la fuerza del señor.

- **PABLO:** (latino) Hombre de pequeña estatura.
- **PACE:** (latino) Paz.
- **PACIANO:** (latino) El amigo de la paz.
- **PACIENTE:** (latino) El resignado.
- **PACÍFICO:** (latino) Hombre de paz.
- **PACOMIO:** (griego) Robusto, bien fornido.
- **PACUVIO:** (latino) El que restaura la paz.
- **PAFNUCIO:** (griego) Rico en mérito.
- **PAGANO:** (latino) Campesino.
- **PALAMEDES:** (griego) El que gobierna con sabiduría.
- **PALATINO:** (latino) El que viene del monte Palatino.
- **PALEMÓN:** (griego) El que lucha arduamente.
- **PALMACIO:** (latino) Ornado con hojas de palmera.
- **PAMAQUIO:** (griego) El hábil luchador que gana a todos.
- **PAMPÍN:** (latino) Vigoroso como brote nuevo.

- **PAN:** (griego) Que es bondadoso con todos.
- **PANCRACIO:** (griego) El que tiene poder absoluto.
- **PANDULFO / PANDOLFO:** (germánico) Tiene un lobo en su estandarte.
- **PANETE:** (griego) Amigo de todos.
- **PÁNFILO:** (griego) El amigo querido de todos.
- **PANTAGAPAS:** (griego) Que tiene el cariño de todos.
- **PANTAGATO:** (griego) El que es excelente con todos.
- **PANTALEÓN:** (griego) Que domina todo lo escrito.
- **PANTENO:** (griego) El que es digno de toda alabanza.
- **PAOLO:** (italiano) Variante de Pablo.
- **PAPÍAS:** (griego) El padre venerable.
- **PARÁCLITO:** (griego) El consolador.
- **PARDULFO:** (germánico) El guerrero audaz, armado con hacha.
- **PARIS:** (griego) El que presta la mejor ayuda.

- **PARISIO:** (griego) Variante de Paris.
- **PARMENAS:** (griego) Variante de Parmenio. Fue uno de los siete que escogieron los apóstoles en Jerusalén para el cuidado de los pobres.
- **PARMÉNIDES:** (griego) El que es aplicado y constante.
- **PARMENIO:** (griego) El que es fiel, perseverante.
- **PARODIO:** (griego) El que imita el canto.
- **PARTEMIO:** (griego) De aspecto puro y virginal.
- **PASCASIO:** Variante de Pascual.
- **PASCUA:** (hebreo) Referido a la Pascua, al sacrificio del pueblo.
- **PASCUAL:** (latino) El que nació en las fiestas Pascuales.
- **PASICLES:** (griego) El que obtuvo toda la gloria.
- **PASÍCRATES:** (griego) El que domina todo.
- **PASIMAGO:** (griego) El que triunfa en todos los combates.
- **PASTOR:** (latino) Cuidador de rebaños.
- **PATERIO:** (latino) El que nació en Pateria, Mediterráneo.
- **PATERNIANO:** Derivado de Paterno.

- **PATERNO:** (latino) El que es bondadoso como un padre.
- **PATRICIO:** (latino) Descendiente de las familias fundadoras. De noble y antigua estirpe.
- **PATRICK:** (sajón) Variante de Patricio.
- **PATROBIO:** (griego) El que sigue las huellas de su padre.
- **PATROCINIO:** (latino) El que da protección.
- **PATROCLO:** (griego) El que es la alegría de sus padres.
- **PAUL:** Forma francesa de Pablo.
- **PAULINO:** (latino) Diminutivo de Pablo.
- **PAULO:** (latino) Derivado de Pablo.
- **PAUSANIAS:** (griego) El que calma las penas.
- **PAUSIDIO:** (griego) El pausado, el calmo.
- **PAUSILIPO:** (griego) El que quita las penas.
- **PAZ / DE LA PAZ:** (latino) Se refiere a ese don tan preciado. Debe acompañarse con otro nombre que indique sexo.
- **PEDRO / PETRONIO / PETRUOS / PETRUS:** (latino) Que es firme como una roca.
- **PEGASO:** (griego) Nacido a la vera del manantial.

- **PEHUÉN:** (americano - araucano) Nombre de la planta conocida como araucaria. Debe acompañarse con otro nombre que indique sexo.
- **PELAGIO:** (griego) El buen marino.
- **PELAPO:** (griego) El de tez morena.
- **PELAYO:** (griego) Marinero excelente.
- **PELEGRINO:** Variante de Peregrino.
- **PELEO:** (mitológico) Héroe griego, hijo de Eudeis y de Eaco.
- **PERCEVAL:** Variante de Percival.
- **PERCIVAL:** (sajón) Uno de los caballeros de la Tabla Redonda, de la corte del rey Arturo.
- **PEREGRINO:** (latino) Viajero.
- **PERFECTO:** (latino) El completo, sin error.
- **PERIANDRO:** (griego) El que se preocupa por el resto de los hombres.
- **PERICLES:** (griego) El mejor gobernante.
- **PERPETUO:** (latino) De fe inmutable, permanece fiel a su fe.
- **PERSEO:** (griego) El destructor.
- **PETRARCA:** (latino) Deriva de "petra" que significa "piedra". Nombre de un poeta renacentista.

- **PETRONIO:** (latino) Variante de Pedro.
- **PHILIPPE:** (francés) Variante de Felipe.
- **PICHI:** (americano - araucano) Pequeño.
- **PIERIO:** (latino) El que vino de Pieria, Macedonia.
- **PIERO:** (mitológico) Hijo de Magnes y de Melibea. Fue amado por la musa Clío.
- **PILATOS:** (latino) Soldado armado.
- **PÍO:** (latino) El que es piadoso y observador de las reglas morales.
- **PIPERIÓN:** (griego) El que trafica con pimienta.
- **PIPINO:** (latino) El de pequeña estatura.
- **PIRRO:** (griego) Pelirrojo.
- **PITÁGORAS:** (griego) El que es como un oráculo divino.
- **PIUQUE:** (americano - araucano) Corazón. Debe acompañarse con otro nombre que indique sexo.
- **PLÁCIDO:** (latino) Hombre tranquilo, sosegado, manso.
- **PLATÓN:** (griego) De espaldas anchas.
- **PLAUTO:** (griego) El de los pies planos.
- **PLINIO:** (latino) El que posee muchos dones.

- **PLOTINO:** (griego) Derivado de Plauto.
- **PLUBIO:** (griego) Hombre de mar.
- **PLUTARCO:** (griego) Dueño de riquezas.
- **PLUTÓN:** (griego) Dueño de todas las riquezas.
- **POLIANO:** (griego) El afligido.
- **POLIBIO:** (griego) El de larga vida.
- **POLICARPO:** (griego) El que da muchos frutos.
- **POLICETO:** (griego) El que causó mucha aflicción.
- **POLICLETO:** (griego) El célebre.
- **POLÍCRATES:** (griego) Que tiene mucho poder.
- **POLICROMIO:** (griego) El de muchos colores.
- **POLICRONIO:** (griego) Significa "muchos tiempos".
- **POLIDORO:** (griego) El de varios dones.
- **POLIEUCTO:** (griego) El que es muy deseado.
- **POLIFEMO:** (griego) Famoso y muy conocido.
- **POLIMACO:** (griego) El que libró muchos combates.
- **POLINARDO:** (griego) El cultivador de nardos.

- **POLIÓN:** (griego) El señor poderoso que protege.
- **POLONIO:** (latino) Variante de Apolinar.
- **POMPEYANO:** Relativo a Pompeyo.
- **POMPEYO:** (griego) El que va al frente en la procesión.
- **POMPONIO:** (latino) El amante de la grandeza y de la pompa.
- **PONCIO:** (griego) El que viene del mar.
- **PORCIO:** (latino) El que se dedica a criar cerdos.
- **PORFIRIO:** (sirio) El soberano.
- **POSEIDÓN:** (griego) Rey de las aguas, mares y océanos.
- **POSIDIO:** (griego) El que se consagra a Poseidón.
- **POSTUMIO:** (latino) El que nació después de muerto el padre.
- **POTAMÓN:** (griego) El que gusta vivir cerca del río.
- **POTENCIANO:** (latino) El que domina con su imperio.
- **PRAGMACIO:** (griego) El hábil y práctico en los negocios.
- **PRATO:** (griego) Trabajador activo.
- **PRAXÍTELES:** (griego) El que realiza todo prácticamente.
- **PRESBÍTERO:** (griego) El de porte venerable.

- **PRÍAMO:** (griego) El que ha sido rescatado.
- **PRIDILIANO:** (griego) El historiador, el que recuerda las cosas del pasado.
- **PRIMITIVO:** (latino) El primero.
- **PRIMO:** (latino) El primogénito.
- **PRÍNCIPE:** (latino) El que sabe gobernar.
- **PRÍO:** (latino) El delantero.
- **PRISCO:** (latino) El antiguo, de otra época.
- **PRIVATO:** (latino) El que goza de trato familiar.
- **PROBO:** (latino) El de conducta moral.
- **PROCESO:** (latino) El que va adelante.
- **PROCLO:** (griego) El que está cerca de la gloria.
- **PROCOPIO:** (griego) El que progresa y avanza para bien.
- **PROMACO:** (griego) El que se apresta para el combate.
- **PROMETEO:** (griego) El que se iguala con los dioses.
- **PROPERCIO:** (latino) El que nació antes de tiempo.
- **PROSPECTO:** (latino) El previsor.

- **PRÓSPERO:** (latino) El favorecido por la fortuna.
- **PROTÁGORAS:** (griego) El que aconseja a los demás.
- **PROTASIO:** (griego) El que se esfuerza por ser el primero.
- **PROTEO:** (griego) Señor de las ondas del mar.
- **PROTERIO:** (griego) El que precede a todos los demás.
- **PROTESILAO:** (griego) El que manda en su pueblo.
- **PROTO:** (griego) Deriva de Primo. El primero.
- **PROTÓGENES:** (griego) El primogénito.
- **PROTÓGENO:** Variante de Protógenes.
- **PROTÓLICO:** (griego) El preferido. El que merece el primer lugar.
- **PRUDENCIO:** (latino) Cauto, sensato y precavido.
- **PTOLOMEO:** (griego) Nombre de varios reyes egipcios y de un conocido astrónomo.
- **PUBLIO:** (latino) El que es popular.
- **PULQUI:** (americano - araucano) Flecha.

- **QUERIAN:** Ver Ciriaco.
- **QUERUBÍN:** (hebreo) El becerro alado, fuerte y poderoso.
- **QUIJOTE:** (latino) El que protege las piernas con una armadura.
- **QUILIANO:** (griego) El productivo.
- **QUILLÉN:** (americano - araucano) La lágrima. Debe acompañarse con otro nombre que indique sexo.
- **QUIMEY:** (americano - araucano) Lindo, bello. Debe acompañarse con otro nombre que indique sexo.

- **QUINTILIANO:** Variante de Quintilio.
- **QUINTILIO:** (latino) El que nació en el quinto mes (Mayo).
- **QUINTÍN:** (latino) Diminutivo de Quinto.
- **QUINTO:** (latino) El quinto vástago de la familia.
- **QUIRICO:** Derivado de Ciriaco.
- **QUIRINO:** (latino) El que lleva la lanza.

vertido.
ue nació

ante de

ginario de

El sacerdo-

iante de

justo.
El comercian-

) Bendición de

) El que fue

sirio) El dios
protector.
o) El que reza

reo) Rey amante

ariante de

- **SALUSTIO:** (latino) El que otorga la bendición.
- **SALUTARIO:** (latino) El que nos trae salud.
- **SALVADOR:** (latino) El redentor.
- **SALVATORE:** (italiano) Variante de Salvador.
- **SALVIO / SALVIANO / SALVINO:** (latino) El saludable, el íntegro.
- **SALVO:** (latino) El sano.
- **SAMUEL:** (hebreo) El que fue pedido a Dios. Al que Dios ha escuchado.
- **SANCHO:** (latino) Consagrado a la divinidad.
- **SANDALIO:** (griego) El que transporta y comercia el sándalo.
- **SÁNDALO:** (griego) El que esparce el aroma del sándalo.
- **SANDRO:** (griego) Deriva de Alejandro.
- **SANSÓN:** (bíblico) Pequeño sol.
- **SANTIAGO:** (hebreo) Es derivado de Jacobo. El que suplantó al hermano.
- **SANTINO:** Derivado de Santo.

- **RABAN:** (germánico) Que cuida como el cuervo que acecha.
- **RABULAS:** (latino) Mal defensor de pleitos.
- **RADELGISO:** (germánico) El rehén consejero.
- **RADOMIR:** (eslavo) El que goza de la paz de su pueblo.
- **RADULFO:** Variante de Rodolfo.
- **RAFAEL:** (hebreo) La salud que da Dios. La medicina divina.
- **RAGUEL / RAHUEL:** (hebreo) El amigo de Dios.
- **RAIMUNDO:** (germánico) Protector y buen consejero.
- **RAINFREDO:** (germánico) El consejero de la paz.
- **RAINIERO:** (germánico) Consejero.
- **RAIQUEN:** (americano - araucano) Ave nocturna. Debe acompañarse con otro nombre que indique sexo.
- **RAMIRO:** (germánico) Poseedor de un poderoso ejército.
- **RAMÓN:** (germánico) Protección sensata.

- **RAMSÉS:** (egipcio) Significa "el dios Ra es el padre".
- **RANCUL:** (americano - araucano) Planta de La Pampa. Sus hojas se utilizaban para techar las chozas.
- **RANDOLFO:** (germánico) El que lleva un escudo poderoso.
- **RANULFO:** (germánico) El guerrero consejero.
- **RATBODO:** (germánico) El consejero estimado.
- **RAUEL:** (hebreo) Amigo de Dios.
- **RAÚL:** (francés) Atrevido en la guerra.
- **RAZIEL:** (hebreo) Mi secreto es Dios.
- **REATO:** (latino) El que fue condenado por sus culpas.
- **RECAREDO:** (germánico) El ilustre consejero.
- **REDENTO:** (latino) El que fue redimido por Dios.
- **REGINALDO:** (germánico) Poseedor del poder de Dios.
- **REGINO:** (latino) El rey.
- **REGULO:** (latino) Pequeño rey.

- **REINALDO / RAYNALDO / REY-NALDO:** Variantes de Reginaldo.
- **REINARDO:** (germánico) Valiente al dar consejos.
- **REMBERTO:** (germánico) El que brilla por sus consejos.
- **REMIGIO:** (latino) Que sabe remar.
- **REMO:** (griego) Fuerte.
- **RENANO:** (latino) El que nació cerca del Rin.
- **RENATO:** (latino) El que ha vuelto a la gracia de Dios.
- **RENÉ:** (francés) Renacido.
- **RENOVATO:** (latino) Renovado.
- **RENZO:** (italiano) Derivado de Lorenzo.
- **REPARATO:** (latino) El que empieza una vida nueva.
- **RESTITUTO:** (latino) Que fue restituido. Vuelve a la "buena senda".
- **RETICIO:** (latino) El callado.
- **REUQUÉN:** (americano - araucano) Tempestuoso. Debe acompañarse con otro nombre que indique sexo.
- **REVERIANO:** (latino) El que mira con reverencia lo sagrado.
- **REYNALDO:** (germánico) El que tiene el don divino.
- **RICARDO:** (germánico) El varón muy poderoso.

- **RICARIO:** (germánico) Príncipe en su ejército.
- **RICINERO:** (germánico) El famoso por su poder.
- **RIGOBERTO:** (germánico) El que es espléndido por sus riquezas.
- **RINALDO:** (germánico) Variante de Reginaldo.
- **ROBERTINO:** (italiano) Variante de Roberto.
- **ROBERTO:** (germánico) El buen consejero. Ilustre por sus sabias palabras.
- **ROBINSON:** (inglés) El hijo de Robin.
- **ROBOAM:** (hebreo) El que colma de bienes al pueblo.
- **ROBUSTIANO:** (latino) Noble y fuerte como el roble.
- **RODAS / RODE:** (griego) El color rosado.
- **RODOALDO:** (germánico) El jefe glorioso.
- **RODOBALDO:** Variante de Rodoaldo.
- **RODOLFO:** (germánico) El que guerrea en pos de la gloria.
- **RODOPE:** (griego) Que tiene la tez rosada.
- **RODRIGO / ROY:** (germánico) Aquel que es famoso debido a su gloria.

- **RODUMIL:** (es...) su estirpe.
- **ROGATO:** (latin...) pedido a Dios.
- **ROGELIO / ROG...** co) El lancero insig...
- **ROGER:** (inglés)... nombre Rogelio.
- **ROLÁN:** Variante...
- **ROLANDO:** (germá... llo de su tierra.
- **ROMÁN:** (latino) El...
- **ROMANO / ROMER(...** (latino) Peregrino que... hacia Roma.
- **ROMARICO:** (germán... cipe glorioso.
- **ROMELIO:** (hebreo) El... por Dios.
- **ROMILDO:** (germánico)... glorioso.
- **ROMUALDO:** (griego) El... tor en la batalla.
- **RÓMULO:** (griego) El pose... de gran fuerza.
- **RONALDO:** (germánico) Va... de Reginaldo. El que posee p... divino y es muy inteligente.

Nombres que emp...

**S**

- **SABA:** (hebreo) El co...
- **SABACIO:** (latino) El d... en sábado.
- **SABELIO:** (latino) Var... Sabino.
- **SABINO:** (latino) Ori... Sabina, Italia.
- **SACERDOTE:** (latino)... te.
- **SACHA:** (eslavo) Va... Alejandro.
- **SADOC:** (hebreo) E...
- **SAGARIO:** (griego)... te de sayos.
- **SALADINO:** (árabe... los fieles al profeta.
- **SALATIEL:** (hebre... pedido a Dios.
- **SALMANASAR:** (á... Salmán es mi únic...
- **SALMODIO:** (lati... salmos.
- **SALOMÓN:** (heb... de la paz.
- **SALUSTIANO:** V... Salustio.

- **SANTO:** Variante de Santos.
- **SANTORIO:** (latino) El que ha sido santificado.
- **SANTOS:** (latino) Sacro, íntegro.
- **SAPOR:** (persa) El elegido.
- **SARASAR:** (asirio) Dios protege al príncipe.
- **SARAYAS:** (hebreo) El señor combate por mí.
- **SARBELIO:** (griego) El que causa tumulto.
- **SARDANÁPALO:** (sirio) Vástago creado por del dios Asur.
- **SARGÓN:** (asirio) El rey es legítimo.
- **SARMATAS:** (latino) El que vino de Rusia.
- **SASABASAR:** (asirio) Que alegra en la tristeza.
- **SATANÁS:** (hebreo) El adversario.
- **SÁTIRO:** (griego) El que es mordaz.
- **SATOR:** (latino) El sembrador.
- **SATURIANO / SATURINO / SATURO:** Variantes de Saturio.
- **SATURIO:** (latino) Que está en la abundancia.
- **SATURNINO:** (latino) El que tiene de todo.
- **SATURNO:** (latino) Protector de los sembrados.
- **SAÚL:** (hebreo) El que con anhe-lo ha sido pedido a Dios y ha llegado.
- **SAULO:** (griego) Cariñoso, delica-do y tierno.
- **SAVERIO:** (italiano) Adaptación italiana del nombre Javier.
- **SEBASTIÁN:** (griego) Venerable, con majestad.
- **SECUNDIANO / SECUNDINO:** (latino) El segundo hijo.
- **SEDECÍAS:** (hebreo) El que es justicia del Señor.
- **SEGISBERTO:** (germánico) El que brilla.
- **SEGISMUNDO:** (germánico) El que nos protege con su victoria.
- **SEGUNDO:** (latino) El segundo vástago de una familia.
- **SELEMÍAS:** (hebreo) El que tiene la paz del Señor.
- **SELEUCO:** (griego) Brillante como una luz.
- **SELIM:** (árabe) El sano.
- **SEM:** (hebreo) El lleno de fama.
- **SEMEIAS:** (hebreo) El que es muy renombrado.
- **SEMPRONIO:** (griego) El pruden-te y mesurado.
- **SENADOR:** (latino) El respetable por su edad.
- **SENAQUERIB:** (asirio) Los herma-nos de la luna.

- **SÉNECA:** (latino) El venerable anciano.
- **SÉPTIMO / SEPTIMIO:** (latino) El séptimo hijo.
- **SERAFÍN:** (hebreo) El ángel de la espada de fuego. La serpiente.
- **SERAPIO:** (latino) Consagrado a la divinidad egipcia Serapis.
- **SERENO:** (latino) El que es claro y puro.
- **SERGIO:** (latino) El guardián que protege.
- **SERIÓN:** (latino) El amigo de la verdad.
- **SERVANDO:** (latino) Que merece ser salvado.
- **SERVIO / SERVILIO / SERVILIANO / SERVO:** (latino) El hijo de esclavos.
- **SERVODEI / SERVODEO:** (latino) El que es siervo de Dios.
- **SESOTRIS:** (griego) El que logró salud al consagrarse a Dios.
- **SETH:** (hebreo) El sustituto.
- **SEVERIANO / SEVERINO:** Variantes de Severo.
- **SEVERO:** (latino) El austero, que no puede ser corrompido.
- **SEWOLDO:** (germánico) El que es dominador en tiempos de paz.
- **SEYANO:** (latino) El consagrado a Seya, diosa de la siembra.

- **SICIO:** (griego) El displicente, el afligido.
- **SIDONIO:** (latino) El proveniente de Sidón.
- **SIDRAC:** (asirio) "Así lo ha decidido el Señor".
- **SIDRONIO:** (latino) El que vino de Fenicia.
- **SIERVO:** (latino) El esclavo.
- **SIGEFRIDO:** Variante de Sigfrido.
- **SIGFRIDO:** (germánico) Prenda de paz. La paz está segura con su presencia.
- **SIGIBERTO:** (germánico) El que brilla por sus victorias.
- **SILVANO:** (latino) El que es de la selva. Variantes: Silvino, Silvio, Silverio, Silas.
- **SILVERIO:** Variante de Silvano.
- **SILVESTRE:** (latino) El que habita en un lugar selvático.
- **SILVINO:** Variante de Silvano. Forma masculina de Silvina.
- **SILVIO:** (latino) El que es de la selva.
- **SIMACO:** (griego) El aliado y compañero en la lucha.
- **SIMEÓN:** (hebreo) Variante de Simón.
- **SIMÓN:** (hebreo) El que ha escuchado a Dios. También significa nariz chata.

- **SIMPLICIANO:** Variante de Simplicio.
- **SIMPLICIO:** (latino) Hombre humilde y sencillo.
- **SINDULFO:** (germánico) El guerrero avezado.
- **SINESIO:** (griego) Hombre inteligente y de gran astucia.
- **SINFORIANO:** (griego) Que tiene múltiples dones.
- **SINFOROSO:** (griego) El que tiene muchos dones.
- **SINFRONIO:** (griego) El que vive unido. Que está siempre de acuerdo.
- **SINIBALDO:** (germánico) El que es audaz y emprendedor.
- **SIÓN:** (hebreo) El monte elevado.
- **SIRENIO:** (griego) El que tiene una voz cautivadora.
- **SIRIDIÓN:** (griego) El que toca la siringa.
- **SIRO:** (latino) Brilla como el sol.
- **SISEBUTO:** (germánico) Que ejerce el poder con energía.
- **SISENANDO:** (germánico) El osado para obtener la victoria.
- **SISINIO:** (latino) El que vino de Armenia.
- **SISMUNDO:** Variante de Segismundo.
- **SIXTO:** (griego) El educado, amable, tratable, urbano.

- **SÓCRATES:** (griego) Aquel que goza de buena salud y tiene autoridad.
- **SOFANOR:** (griego) El sabio.
- **SOFIEL:** (hebreo) El secreto en Dios.
- **SÓFOCLES:** (griego) Su gloria se basa en la sabiduría.
- **SOFONÍAS:** (hebreo) El secreto de Dios.
- **SOFRONIO:** (griego) El prudente y sensato.
- **SOL / DEL SOL:** (latino) De fe luminosa. Deben acompañarse con otro nombre que indique sexo.
- **SOLANO:** (latino) El que es como el viento del Norte.
- **SOLEMNIO:** (latino) El consagrado solemnemente.
- **SOLIANO:** (latino) El que vino de Asia Menor.
- **SOLIMÁN:** (turco) Variante de Salomón.
- **SOLÓN:** (griego) El de firme voluntad.
- **SOLUTOR:** (latino) El que recobra la libertad.
- **SONACIO:** (latino) El de voz sonora.
- **SOPATER:** (griego) El hijo del padre salvado.

- **SOSTENEO:** (latino) El que apoya y da su ayuda.
- **SOSTENES:** (griego) Hombre fuerte y sano.
- **SÓSTRATES:** (griego) El ileso en la batalla.
- **SOTERO:** (griego) El salvador.
- **STEFAN:** Variante de Esteban.
- **STEFANO:** (italiano) Variante de Esteban.
- **STEPHAN / STEPHEN / STEVEN:** (inglés) Variantes de Esteban.
- **SUCESO:** (latino) El que sustituyó a otro.

- **SUINTINO:** (árabe) Que es fuerte y potente.
- **SUITBERTO:** (árabe) El que se destaca por su fuerza y destreza.
- **SULPICIO:** (latino) Que viene de lo alto.
- **SUPERIO:** (latino) Que vive en lo alto. Que mora enn las montañas.
- **SURANO:** (latino) Que lleva un báculo a cuestas.
- **SUYAI / SUYAY:** (americano - quechua) Esperanza.

- **TABARÉ:** (tupí) El que vive solo o retirado de su pueblo.
- **TABEEL:** (hebreo) ¡Qué bueno es Dios!
- **TACIANO:** Variante de Tacio.
- **TACIO:** (griego) De carácter diligente y activo.
- **TÁCITO:** (griego) El que es callado.
- **TADEO:** (sirio) Hombre prudente.
- **TAIEL / TAHIEL:** (americano - mapuche) El canto sagrado.
- **TALASIO:** (griego) Que proporciona gozo y alegría.
- **TAMAR:** (hebreo) Que brinda alegre refugio.
- **TAMARO:** Variante de Tamar.
- **TAMUZ:** (asirio) Hijo de la vida.
- **TANCREDO:** (germánico) El consejero sagaz.
- **TÁNTALO:** (griego) El que soporta la carga de la vida.
- **TARASIO:** (griego) El que es inquieto.
- **TARE:** (hebreo) Que tuvo una profunda tristeza.

- **TARQUINIO:** (latino) El que nació en Tarquinia.
- **TARSICIO:** (latino) Natural de la ciudad de Tarso.
- **TAURINO:** Variante de Taurio.
- **TAURIO:** (latino) El aficionado a los toros.
- **TEBALDO:** Variante de Teobaldo.
- **TELAMÓN:** (griego) Sereno y audaz.
- **TELEFO:** (griego) Brilla desde lejos.
- **TELÉGONO:** (griego) El que nació lejos de su patria.
- **TELÉMACO:** (griego) El que se prepara con antelación al combate.
- **TELÉSFORO:** (griego) Que lleva a buen fin sus empresas.
- **TELMO:** Variante de Erasmo.
- **TEMISTIO:** (griego) El que es muy justo.
- **TEMISTOCLES:** (griego) El que es glorioso por su justicia.
- **TEO / THEO:** (griego) Dios.
- **TEOBALDO:** (germánico) Príncipe valiente.

- **TEOBERTO:** Variante de Teodeberto.
- **TEÓBULO:** (griego) El inspirado por Dios.
- **TEÓCRITO:** (griego) Juez establecido en la tierra por Dios.
- **TEODARDO:** (germánico) Que es la voluntad y la fuerza de su pueblo.
- **TEODAS:** (griego) La antorcha de Dios.
- **TEODATO:** (germánico) El que es guerrero de su pueblo.
- **TEODEBERTO:** (germánico) El que brilla con esplendor en su pueblo.
- **TEODEMIO:** (griego) El venerado como Dios por su pueblo.
- **TEODOFREDO:** (germánico) Que procura la paz de su pueblo.
- **TEODOLFO:** (germánico) El guerrero de su pueblo.
- **TEODOMIRO:** (germánico) El consejero de su pueblo.
- **TEODORETO:** Variante de Teodoro.
- **TEODORICO:** (germánico) El gran gobernante.
- **TEODORO:** (griego) Regalo de Dios.
- **TEODOSINDO:** (germánico) El que es excelente jefe de su pueblo.
- **TEODOSIO:** (griego) Don de Dios.
- **TEODOTO:** (griego) El que ha sido dado a Dios.
- **TEÓDULO:** (griego) Siervo de Dios.
- **TEÓFANES:** (griego) A quien Dios se le ha mostrado.
- **TEOFILACTES:** (griego) El guardián designado por Dios.
- **TEÓFILO:** (griego) El amado de Dios.
- **TEOFRASTO:** (griego) El que habla inspirado por Dios.
- **TEOFRIDO:** Variante de Teodofredo.
- **TEÓGENES:** (griego) El nacido de Dios.
- **TEONESTO:** (griego) El que ayuna para agradar a Dios.
- **TEOPOMPO:** (griego) El que ha sido enviado por Dios a los hombres.
- **TEÓTIMO:** (griego) El que sabe honrar a Dios.
- **TEOTO:** (griego) El que está junto a los Dioses.
- **TERCIO:** (latino) El que es tercero en el nacimiento de una familia.
- **TERENCIANO:** Variante de Terencio.
- **TERENCIO:** (latino) El que trilla.
- **TERSILIO:** (latino) Limpio y puro.

- **TERTULIANO:** Variante de Tercio.
- **TESEO:** (griego) El fundador.
- **TESIFÓN:** (griego) El que se destaca y brilla por su fortuna.
- **THIERRY:** Variante de Teodorico.
- **THOMAS:** (inglés) Variante de Tomás.
- **TIBERIO:** (latino) Que nació a orillas del río Tíber.
- **TÍBULO:** (latino) El que es alto como un pino.
- **TIBURCIO:** (latino) Nacido en el lugar de los placeres.
- **TICIANO:** Variante de Tito. Forma femenina de Ticiana.
- **TICIO:** Variante de Ticiano o Tito.
- **TICO:** (griego) El feliz y afortunado. Aquel que es el honor de su pueblo.
- **TIGELINO:** (latino) Que se sostiene bien derecho.
- **TIGRINO:** (latino) El que nació o viene del río Tigris.
- **TILFREDO:** (germánico) Hábil para concertar la paz.
- **TILO:** (germánico) Poseedor arriesgado y valiente.
- **TIMÓCRATES:** (griego) El que gobierna con honor.
- **TIMOLAO:** (griego) El que es el honor de su pueblo.
- **TIMOLEÓN:** (griego) El que es

estimado por su gran coraje. Que posee coraje de león.
- **TIMÓN:** (griego) El que se venera y se honra.
- **TIMOTEO:** (griego) El que honra a Dios.
- **TÍQUICO:** (griego) Persona muy afortunada.
- **TIRANIO:** (griego) El que tiene la autoridad absoluta.
- **TIRÓN:** (latino) Que es buen aprendiz.
- **TIRSO:** (griego) Que está coronado con hojas de parra.
- **TITÁN:** (griego) El que es grande y poderoso.
- **TITO:** (latino) El valiente defensor.
- **TIZIANO:** Variante de Ticiano.
- **TOBÍAS:** (hebreo) Lo bondadoso del Señor. El único bien es el Señor.
- **TOLOMEO:** (griego) El guerrero excelente.
- **TOMÁS / THOMÁS:** (hebreo) El hermano gemelo.
- **TOMÉ:** Variante de Tomás.
- **TORCUATO:** (latino) El que se adorna.
- **TORIBIO:** (griego) Fabricante de arcos.
- **TRAFUL:** (americano - araucano) Unión.

- **TRAJANO:** (latino) El que arrastra a todos consigo.
- **TRANQUILINO:** (latino) El que es apacible y sereno.
- **TRANSELINO:** (latino) Que va más allá de los límites de su patria.
- **TRÁNSITO:** (latino) El que pasa.
- **TRASÍBULO:** (griego) El que resuelve audazmente.
- **TRASIMUNDO:** (germánico) Errante.
- **TRASMIRO:** (germánico) El que es afamado en combate.
- **TRIFÓN:** (griego) El delicado y elegante.
- **TRINIDAD:** (latino) Las tres personas en un solo Dios. Debe acompañarse con otro nombre que indique sexo.
- **TRÍPODE:** (griego) El de los tres pies.
- **TRISTÁN:** (celta) Cazador, atrevido.
- **TRIUNFO:** (griego) El victorioso.
- **TRÓFIMO:** (griego) El que es bien alimentado.
- **TROILO:** (troyano) Nacido en Troya.
- **TROYANO:** (latino) El que viene de Troya.
- **TRUDON:** (germánico) El que es fiel.
- **TUBAL:** (hebreo) El que trabaja la tierra.
- **TUBALCAIN:** (hebreo) El que trabaja el metal.
- **TULA:** (latino) Variante de Tulio.
- **TULIO:** (latino) El varón que levanta el ánimo de todos.
- **TUPAC:** (americano - quechua) El Señor.

- **UBALDO:** (germánico) El varón de espíritu audaz.
- **UDALRICO:** (germánico) Variante de Ulderico.
- **UDOLFO:** (teutón) Hombre de mucha suerte, afortunado.
- **UGOCIÓN:** Variante de Hugo.
- **ULADIMIRO:** (eslavo) El príncipe de la paz.
- **ULADISLAO:** Variante de Ladislao.
- **ULDERICO:** (germánico) El noble y rico como un príncipe.
- **ULFILAS:** (germánico) El lobezno.
- **ULFO / ULFIO:** (germánico) El que es audaz como un lobo.
- **ULFRIDO:** (germánico) El guerrero que impone la paz con su espada.
- **ULISES:** (griego) Personaje de la Odisea. Al nacer irritó a su abuelo. El que está muy irritado.
- **ULPIANO:** (latino) Variante de Ulpio.
- **ULPIO:** (latino) Que posee la astucia del zorro. Variantes: Ulpiano y Vulpiano.

- **ULRICO:** (germánico) Rico y noble como un príncipe.
- **UNO:** (latino) El que es único en su género.
- **UR:** (hebreo) El que destella.
- **URANO:** (griego) El celestial.
- **URBANO:** (latino) Cortés.
- **URBICIO:** (latino) El que es de la ciudad.
- **URIAS:** (hebreo) Dios. En la acepción egipcia significa Sol resplandeciente.
- **URIEL / URÍAS:** (bíblico) Nombre de persona y también de un arcángel. Significa "mi luz es Dios, o poderosa luz emanada de Dios".
- **URSO:** (latino) Fuerte como el oso.
- **USMARO:** (germánico) El que es famoso por tener los poderes de Dios.
- **UZIEL:** (hebreo) La fuerza de Dios, Dios es mi fuerza.

- **VALBERTO:** (germánico) Variante de Gualberto. El que resplandece por el poder que posee.
- **VALDEMAR:** (germánico) Deriva de Baldomero.
- **VALDERICO:** (germánico) El príncipe dominador.
- **VALDO:** (germánico) El gobernante.
- **VALENTE:** (latino) El que es sano y robusto.
- **VALENTÍN:** (latino) El que tiene fortaleza y salud.
- **VALENTINO / VALENTINIANO:** Variantes de Valentín.
- **VALERICO / VALERIANO / VALERO:** Variantes de Valerio.
- **VALERIO:** (latino) Variante de Valentín.
- **VALFREDO:** (germánico) El rey pacífico.
- **VALTER:** Variante de Walter.
- **VANDREGESILO:** (germánico) El rehén.
- **VARO:** (latino) El que es patisambo.

- **VENANCIO:** (latino) Afecto a la cacería de venados.
- **VENCESLAO:** (eslavo) El que se coronó de gloria.
- **VENDIMIANO:** (latino) El que realiza la vendimia.
- **VENERANDO:** (latino) El que es digno de respeto y es venerado.
- **VENERIO:** (latino) El que inspira amor por ser hermoso de espíritu.
- **VENERO:** Variante de Venerio.
- **VENTURA:** (latino) Feliz y venturoso.
- **VERANO:** (latino) El que favorece la vida.
- **VERARDO:** (germánico) El que es fuerte como un oso.
- **VERECUNDO:** (latino) El que es recatado y modesto en sus aspiraciones.
- **VEREMUNDO:** (latino) El que es realmente puro y digno.
- **VERÍSIMO:** (latino) Superlativo de verdadero.
- **VERNERIO:** (germánico) El que defiende su lugar de nacimiento.

- **VERNÓN:** (latino) Lleno de juventud.
- **VERO:** (latino) Sincero.
- **VESPASIANO:** (latino) Nombre de un emperador romano del siglo I.
- **VIADOR:** (latino) El que es gran viajero.
- **VICENTE:** (latino) Victorioso. El que logró vencer. Variante: Víctor.
- **VÍCTOR:** (latino) Variante de Vicente.
- **VICTORIANO / VICTORINO / VICTORIO / VICTRICIO / VICTURO:** Variantes de Víctor.
- **VIDAL:** (latino) El que es fuerte y lozano. Se lo necesita para vivir.
- **VIDUSINDO:** (germánico) El que posee destreza y saber.
- **VIGBERTO:** (germánico) Guerrero que brilla por su valor.
- **VIGILIO:** (latino) Que es cuidadoso y está siempre alerta.
- **VIGOR:** (latino) El que está lleno de energía y fortaleza.
- **VILFREDO:** (germánico) El que reina en paz y concordia.
- **VINDEMIAL:** (latino) El que cosecha uva en abundancia.
- **VINDICIANO:** (latino) El que vindica, el que defiende.
- **VINICIO:** (latino) El que vino.
- **VINICIUS:** (portugués) Variante de Vinicio.
- **VIRGILIO:** (latino) Lozano.
- **VIRGINIO:** (latino) El que es virgen.
- **VITAL / VITALICIO / VITALIANO:** (latino) Joven y fuerte.
- **VITELIO:** (latino) El que cría terneros.
- **VITO:** (latino) Gozoso, lleno de alegría.
- **VIVALDO:** (germánico) El animoso, el que está vivo.
- **VIVENCIO:** (latino) El que deja gratos recuerdos.
- **VIVIANO:** (celta) El pequeño.
- **VLADIMIR / VLADIMIRO:** (eslavo) Príncipe de la paz.
- **VOLBERTO:** Variante de Gualberto.
- **VOLFANGO:** (germánico) Que avanza sagazmente como el lobo.
- **VOLUSIANO:** Variante de Volusio.
- **VOLUSIO:** (latino) El voluble.
- **VULCANO:** (latino) El volcán. En la mitología romana era el dios de los metales. Correspondía al dios griego Hefestos.
- **VULPIANO:** (latino) Como si fuera un zorro, hombre astuto.

- **WAGNER:** (germánico) Conductor del carro.
- **WALBERTO:** Variante de Gualberto.
- **WALDEMAR:** (germánico) El gobernante.
- **WALDINO:** (germánico) De espíritu abierto y audaz.
- **WALDO:** (germánico) Variante de Waldino.
- **WALDOBERTO:** Variante de Gualberto.
- **WALTER / WALTHER:** Variante de Gualterio.
- **WANDRILO:** (germánico) El rehén errante.
- **WARA:** (americano - aymará) Lucero. Debe acompañarse con otro nombre que indique sexo.
- **WAREIN:** Variante de Guarino.
- **WASHINGTON:** (inglés) Natural del pueblo de Wassing, Inglaterra.
- **WAYRA:** (americano - aymará) Viento, aire.
- **WENCESLAO:** (eslavo) Variante de Venceslao.

- **WERNER:** Variante de Vernerio.
- **WIDUKINDO:** Variante de Witekindo.
- **WILBRORDO:** (germánico) El que defiende con firme voluntad.
- **WILEBALDO:** (germánico) El que es de firme voluntad y audaz.
- **WILFRIDO:** (germánico) Variante de Valfredo.
- **WILGEFORTIS:** Variante de Wilbrordo.
- **WILSON:** (inglés) Patronímico que significa "el hijo de Guillermo".
- **WILLIAM:** (inglés) Equivalente al nombre Guillermo.
- **WINEBALDO:** (germánico) El valiente y audaz.
- **WITEKINDO:** (germánico) El hijo del bosque. El que vino del bosque.
- **WITERIO:** (germánico) Es diestro para manejar la lanza.
- **WODOALDO:** (germánico) Que se destaca en la batalla.
- **WOLFGANGO:** Variante de Volfango.

- **WOLFHELMO:** (germánico) El que lleva la figura de un lobo en el estandarte.

- **WRATISLAO:** (eslavo) El que retorna cargado de gloria.

- **WULFADO:** (germánico) El que es astuto y sagaz como un lobo.

- **WULFRANO:** (germánico) El que está alerta y vigilante como un lobo.

- **WULGIS:** (germánico) El que es rehén por su voluntad.

- **WULMARO:** (germánico) El afamado por su decisión y valor.

- **WULSTANO:** (sajón) El que es firme como una roca.

- **XABIER / XAVIER**: Variantes de Javier.
- **XANTIPO**: (griego) El que cría caballos tordillos.
- **XANTO**: (griego) El que tiene los cabellos rubios.
- **XENOCLES**: (griego) El extranjero famoso.

- **XILANDRO**: (griego) El que trabaja, que cala la madera.
- **XOCHTIEL / XOCHIEL**: (americano - azteca) Flor.

- **YAGO:** Variante de Jacobo.
- **YAIR:** (hebreo) Dios te enseñará.
- **YAMAL:** (árabe) Camello.
- **YAMIL:** (árabe) Bello, hermoso.
- **YAROSLAO:** (eslavo) El que posee gloria divina.
- **YOEL:** Variante de Joel.

- **YOSEF:** Variante de José.
- **YUSI / YUSUF:** (árabe) Variantes de José.
- **YVES / YVO:** (francés) Equivalente al nombre Juan.

- **ZABAD:** (hebreo) El regalo precioso.
- **ZABADÍAS:** (hebreo) El regalo precioso de Dios.
- **ZABDIEL:** (hebreo) El regalo precioso del Señor.
- **ZABULÓN:** (hebreo) El que vive en una casa suntuosa.
- **ZACARÍAS:** (hebreo) Aquel a quien Dios tiene presente en su recuerdo.
- **ZADIG / ZADOG:** Variante de Sadoc.
- **ZAHIR / ZAIR:** (árabe) El visitante.
- **ZALMAN:** (hebreo) Silencioso.
- **ZAMBRI:** (hebreo) El que canta bien.
- **ZAMIR:** (hebreo) Musical.
- **ZAQUEO:** (hebreo) El que está limpio de culpa.
- **ZEBEDEO:** (hebreo) El regalo de Dios.
- **ZEBINAS:** (hebreo) El que fue comprado para el sacrificio.

- **ZEFERINO:** Variante de Ceferino.
- **ZENOBIO:** Variante de Cenobio.
- **ZENODOTO:** (griego) El que fue concedido al dios Zeus.
- **ZENÓN:** (griego) El viviente.
- **ZESBAL:** (griego) El que se dedica a cazar.
- **ZEUS:** (griego) El luminoso, el que ilumina, el origen de la vida.
- **ZOILO:** (griego) El vital. Lleno de vida.
- **ZOROASTRO:** (persa) El astro que vive.
- **ZOROBABEL:** (hebreo) El que nació en Babel.
- **ZÓSIMO:** (griego) El que está lleno de valor y de fuerza. Que es luchador.
- **ZÓTICO:** (griego) Que es vital, esencial para vivir.
- **ZÚCARO:** Ver Zacarías.

# Nombres habituales entre los árabes

## *Nombres para el varón*

**A**

ABBES | ABDALLAH | ABDELAZIZ | ABDELGHANI | ABDELHADI | ABDELHAK | ABDELHAKIM | ABDELDJALIL | ABDELKADER | ABDELKARIM | ABDELLATIF | ABDELMADJID | ABDELMALIK | ABDELMOUMEN | ABDENOUR | ABDESSALEM | ABOU | ACHIR | ACHOUR | ACHRAF | ADEL | AHMED | AISSA | ALI | ALLAL | ALLAOUA | AMAR | AMINE | AMIR | ANIS | ANOUAR | ANTAR | AYACHI | AYOUB | AZZIZ | AZZOUZ

**B**

BACHIR | BAKIR | BELKACEM | BILAL | BOUALEM | BOUDJEMAA | BOUZIANE | BOUZID

**C**

CHAFIK | CHAKER | CHAMSEDDINE | CHAWKI | CHERIF | CHOKRI

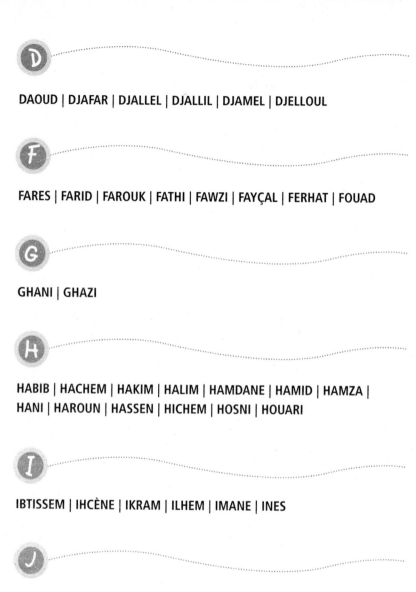

**D**

DAOUD | DJAFAR | DJALLEL | DJALLIL | DJAMEL | DJELLOUL

**F**

FARES | FARID | FAROUK | FATHI | FAWZI | FAYÇAL | FERHAT | FOUAD

**G**

GHANI | GHAZI

**H**

HABIB | HACHEM | HAKIM | HALIM | HAMDANE | HAMID | HAMZA | HANI | HAROUN | HASSEN | HICHEM | HOSNI | HOUARI

**I**

IBTISSEM | IHCÈNE | IKRAM | ILHEM | IMANE | INES

**J**

JAWED | JOUDI

**K**

KACI | KADDOUR | KADER | KAMEL | KARIM | KHALED | KHALIL

**L**

LAKHDAR | LAMINE | LARBI | LOTFI

**M**

MAAMAR | MABROUK | MADANI | MAHFOUD | MAHMOUD | MAKHLOUFI |
MALEK | MALIK | MEHDI | MEKKI | MOHAMED | MOKHTAR | MONCEF |
MOULEY | MOURAD | MOUSSA | MUSTAPHA

**N**

NABIL | NACER | NADIR | NADJI | NASSIM | NAZIM | NOUH | NOURREDINE

**O**

OKACHA | OMAR | OSMANE | OTHMANE | OUSSAMA

**R**

RABAH | RACHID | RAFIK | RAMZI | RAOUF | RAYAN | RAZI | RÉDA |
REDOUANE | RIAD | ROCHDI

**S**

SAADI | SAID | SABRI | SALIM | SAMI – SAMY | SAYED | SEDDIK | SOFIANE

**T**

TAHAR | TAREK | TAYEB | TOUFIK

**W**

WAHID | WALID | WASSIM

**Y**

YACOUB | YAMINE | YAZID | YOUCEF | YOUNES

**Z**

ZOUBIR SOLLER | ZYAD

## *Nombres para la mujer*

**A**

ABLA | ACHWAK | ADILA | AFAF | AFIFA | AHLEM | AÏCHA | AÏDA | AKILA |

ALIA | AMBER | AMEL | AMINA | AMIRA | ANISSA | ASMA | ASRAR | ASSIA |
ATIKA | AZHAR | AZIZA | AZZA

## B

BACHIRA | BADIA | BADRA | BAHIA | BAHIDJA | BAKHTA | BARIZA | BAYA

## CH

CHADIA | CHAFIA | CHAFIKA | CHAHÉRA | CHAHINEZ | CHAHRA |
CHAHRAZAD | CHÉRIFA

## D

DALILA | DAWIYA | DEHBIA | DJAMILA | DJAWIDA | DOUJA | DRIFA

## F

FADILA | FAHIMA | FAIZA | FARAH | FARIDA | FAROUDJA | FATEN | FATIHA |
FATIMA | FOUZIA

## G

GAMRA | GARMIA | GHALIA | GHANIA | GH'ZALA

HABIBA | HADDA | HADIA | HADJIRA | HALIMA | HAMIDA | HANANE | HANIFA | HANNA | HASNA | HASSIBA | HAYET | HIND | HOSNIA | HOURIA

IBRAHIM | IDRISS | ISHAK | ISMAIL

JALILA | JAWIDA | JAZIA | JOHAR

KAHINA | KAMAR | KARIMA | KELTOUM | KENZA | KEWKEB | KHADIDJA | KHADRA | KHALIDA | KHEIRA | KHROFA

LALLA | LAMIA | LATIFA | LEILA | LINDA | LOUBNA | LOUISA | LOUNDJA

MAHBOUBA | MAHDIA | MALIKA | M'BARKA | MERIEM | MESSAOUDA | MORDJANE | MOUFIDA | MOUNA – MOUNIA | MOUNIRA

NABILA | NACIRA | NADIA | NADJIA | NADJIBA | NAFISSA | NAÏMA |
NAJET | NARIMAN | NARJES | NAWEL | NEZHA | NAZIHA | NEDJMA |
NEDJWA | NORA | NOUR

OUARDA

RABHA | RABIA | RACHIDA | RADIA | RAFIKA | RAHIMA - RAHMA |
RAIHANE | RAÏSSA | RAJA | RATIBA | RAZIKA | RIMA – RYMA | ROKIA

SABAH | SABIHA | SADJIA | SAFIA | SAÏDA | SAKINA | SALIHA | SALIMA |
SALOUA | SAMIA | SAMIRA | SELMA | SIHAME | SONIA | SORAYA |
SOUAD | SOUHILA | SOUMIA

TAHANI | TLIDJA | TOURAYA

**WAFA | WAHIBA | WAHIDA | WARDA | WASSILA | WIDED**

**YAKOUT | YAMINA | YASMINA – YASMINE | YOUMNA**

**ZAHIA | ZAKIA | ZEÏNA - ZINA - ZOUINA | ZINEB | ZOHRA | ZOUBIDA |
ZOULIKHA**

# Nombres habituales entre los catalanes

## *Nombres para el varón*

AARÓN | ABDIES | ABDO | ABEL | ABELARD | ABILI | ABRAHAM | ABUNDI |
ACISCLE | ADAM | ADELARD | ADOLF | ADRIÀ | AGUSTI | ALÀ | ALBÀ |
ALBERIC | ALBERT | ALEXANDRE | ALEIX | ALFONS | ALFRED | ALVAR |
AMADEU | AMADOR | AMAND | AMBROS | AMOS | ANACLET | ANASTASI |
ANATOLI | ANDREU | ANIBAL | ANICET | ANSELM | ANTER | ANTONI |
APEL-LES | APOL-LINAR | APOL-LO | AQUIL-LES | ARCADI | ARCÀNGE |
ARGIMIR | ARISTIDES | ARISTÒTIL | ARMAND | ARNAU | ARSENI | ARTUR |
ASTERI | ATANASI | AUGUST | AURELIÀ | AURELI | AVELI |
AZARIAS

BALDOMER | BALTASSAR | BARTOMEU | BASILI | BALDIRI | BAUTISTA |
BEDA | BELA | BELISARI | BERTRAN | BENIGNE | BENET | BENJAMI |
BERENGUER | BERNABÉ | BERNAT | BERTRAN | BLASC | BONIFACI | BORIS |
BORJA | BRANDA | BRAULI | BRU | BONAVENTURA

**C**

CALIXT | CAMIL | CÀNDID | CANUT | CARLES | CARMEL | CASSIA | CASIMIR | CASSI | CAST | CATÓ | CAIETÀ | CAI | CECILI | CEFERI | CELDONI | CELESTI | CELS | CESAR | CESARI | CEBRIÀ | CIRIAC | CIRIL | CLAUDI | CLIMENT | CONAN | CONRAD | CONSTANTI | CORNELI | COSME | CRISANT | CRISPI | CRISTIÀ | CRISTÒFOL | CUGAT

**D**

DACI | DAMAS | DAMIÀ | DANIEL | DARIUS | DAVID | DELFÍ | DEMETRI | DEOGRACIES | DESIDERI | DIDAC | DIMAS | DIONIS | DOMENEC | DONAT | DOROTEU

**E**

EDGAR | EDMUND | EDUARD | EFREN | EGIDI | EGMONT | ELADI | ELEÀZAR | ELEUTERI | ELIES | ELIGI | ELM | ELOI | ELPIDI | ELVIS | EMETERI | EMILIÀ | EMILI | ENRIC | EPIFANI | ERASME | ERIC | ERMELAND | ERMINI | ERNEST | ESAU | ESTANISLAU | ESTEVE | EUDALD | EUGENI | EULOGI | EUQUERI | EUSEBI | EUSTAQUI | EUTIMI | EVARIST | EVELI | EXUPERI | EZEQUIEL

**F**

FABIÀ | FABI | FABRICI | FACUND | FAUSTINIÀ | FAUSTÍ | FAUST | FREDERIC | FELICIÀ | FELIP | FELIX | FERMI | FERRAN | FIDEL | FILEAS | FILEMÓ |

FILIBERT | FLAVI | FLORENCI | FLORIÀ | FORNERI | FRANCESC | FROILÀ | FRUCTUÓS | FRUCTUÓS | FULGENCI

GABÍ | GABRIEL | GALVANY | GASPAR | GAUDENCI | GEDEÓ | GELASI | GENARI | GERALD | GERARD | GERMÁ | GERVASI | GETULI | GIL | GILBERT | GENIS | GLEN | GODOFRED | GONÇAL | GRACIÀ | GREGORI | GALTERI | GUILLEM | GUMERSIND | GUNTHER | GUSTAU | GUIU

HARALD | HARTMANN | HECTOR | HALADI | HELENI | HELI | HELIODOR | HELMUNT | HENOC | HERACLI | HERIBERT | HERMAN | HERMENEGILD | HERMOGENES | HERVE | HIGINI | HILARI | HILARIÓ | HILDEBRAND | HIPO-LIT | HOMER | HONEST | HONORAT | HONORI | HUBERT | HUC | HUMBERT

IAN | IGNASI | IGOR | ILDEFONS | INDALECI | INGA | INOCENCI | IRENEU | ISAAC | ISAIES | ISIDOR | ISIDRE | ISMAEL | IVÀ | IU

JACINT | JACOB | JAUME | JASON | JAVIER | JENARI | JEREMIAS | JERONI | JESUS | JOAQIUM | JOB | JOEL | JONÀS | JONATAN | JORDÀ | JORDI | JOSEP | JOSU | JOAN | JUDAS | JULIÀ | JULI | JUST | JUST | JUVENAL

KALED | KENNETH | KILIA

LADISLAU | LAMBERT | LANDELI | LANCELOT | LAUREÀ | LAURENT | LLAT-ZER | LEANDRE | LEIF | LLEÓ | LLEONARD | LEONCI | LEONIDAS | LEOPOLD | LEOVIGILD | LICINI | LINUS | LLORENÇ | LOTARI | LLUC | LLUCIA | LLUCINI | LLUCI | LLUIS

MACARI | MAGI | MAJENCI | MANEL | MARCELLI | MARCEL | MARÇAL | MARC | MARIÀ | MARIUS | MARTÍ | MARTINIÀ | MATEU | MATIES | MAURICI | MAUR | MAXIMIÀ | MAXIMILIÀ | MAXIM | MEDARD | MEDI | MELANI | MELCIOR | MELITÓ | MEND | MIQUEL | MILLÀ | MODEST | MOISES

OCTAVI | OLAU | OLEGUER | OLIVER | OMAR | ONÈSIM | ONOFRE | ORIOL | OSCAR | OSVALD | OT

PAU | PACOMI | PANCRACI | PANTALEO | PASCASI | PASQUAL | PASTOR |

PATRICI | PAULI | PERE | PELAGI | PELAI | PEREGRI | PETRONI | PIUS |
PLACID | POLICARP | POMPEU | PONÇ | PORFIRI | PRIMITIU | PRIMU |
PROCOPI | PROSPER | PRUDENCI

QUINTI | QUIRZE

RADAMES | RAFAEL | RAIMON | RAINERI | RAMIR | RAMÓN | RAUL |
REINALD | REMIGI | RENAT | RICARD | RIGOBERT | ROBERT | RODOLF |
RODERIC | ROGELI | ROMÀ | ROMEU | ROMUALD | ROMUL | ROC |
ROSSEND | RUBEN | RUFI | RUPERT

SABI | SALOMÓ | SALUSTIÀ | SALVADOR | SALVI | SAMUEL | SANÇ |
SANTIAGO | SATUR | SADURNÍ | SEBASTIÀ | SEGISMON | SEGÓN | SENEN |
SEPTIMI | SERAFÍ | SERAPIO | SERGI | SERVAND | SET | SEVERI | SEVER |
SILVÁ | SILVESTRE | SILVI | SIMEÓ | SIMPLICI | SIXT | SOTER | SULPICI

UBALD | ULRIC | URBÀ

VALENTI | VALERIÀ | VALERI | VENANCI | VENCESLAU | VICENÇ | VICTOR | VICTORIÀ | VIDAL | VIRGILI | VITO | VIVIÀ | VALDEMAR

WUALTER | WENCESLAU | WIFRED | WILFRED

ZACARIAS | ZEFERÍ | ZENAS | ZENOBI | ZENÖ | ZOIL

## Nombres para la mujer

ABIGAIL | ABRIL | ADA | ADELA | ADELAIDA | ADELINA | ADORACIÓ | AFRICA | ÀGATA | AGNES | AIDA | ALBA | ALEGRIES | ALICIA | ALMA | ALMUDENA | ALODIA | AMALIA | AMAND | AMAYA | AMELIA | AMPAR | ANNA | ANASTÀSIA | ANDREUA | ANGELA | ANGELS | ANGÉLICA | ANGELINA | ANGUSTIAS | ANTIA | ANUNCIACIÓ | APOL-LONIA | ARABELLA | ARACELI | ARANTZAZU | ARIADNA | ASTRID | ASSUMPCIO | ATOCHA | AUGUSTA | AURELIA | AURORA

BALBINA | BARBARA | BEATRIU | BEGONYA | BETLEM | BELINDA |
BERENIÇ | BERTA | BIBIANA | BLANCA | BLADINA | BRENDA | BRIGIDA

CANDIDA | CARITAT | CARINA | CARME | CAROLINA | CASSANDRA |
CASILDA | CATERINA | CECÍLIA | CELEST | CELINA | CIRENIA | CLARA |
CLAUDIA | CLEOPATRA | CLOTILDE | COLOMA | CONCEPCIÓ | CONSTANÇA |
CONSOL | CORA | COVADONGA | CRISTINA | CREU | CUNEGUNDA

DANA | DANAE | DEBORA | DELIA | DIANA | DOLORS | DOROTEA

EDDA | EDILTRUDIS | EDITA | ELENA | ELEONOR | ELISA | ELISABET |
ELISENDA | ELOISA | ELSA | ELVIRA | EMILIA | EMMA | ENCARNACION |
ENGRACIA | ESMERALDA | ESPERANÇA | ESTEFANIA | ESTELLA | ESTER |
ESTRELLA | EUDOXIA | EUFEMIA | EUGENIA | EULÀLIA | EVA

FABIOLA | FAINA | FARA | FATIMA | FE | FELICITAT | FILOMENA | FLAVIA |
FLORA | FLORENTINA | FORTUNATA | FRANCESCA | FONTSANTA

GALA | GEMMA | GENOVEVA | GEORGINA | GERALDINE | GERTRUDIS | GILDA | GISELA | GLORIA | GODIVA | GRACIA | GRACIELLA | GUADALUPE | GUDULA | GUENDALINA | GUILLERMINA

HELENA | HELGA | HENEDINA | HERMINIA | HESPERIA | HILDA | HILDE-GARDA | HORTENSIA

IDA | IDOIA | IMELDA | INES | INGRID | INMACULADA | IRENE | IRIS | IRMA | ISABE | ISADORA | ISAURE | IVETTE

JACINTA | JENNIFER | JESSICA | JEZABEL | JOAQUIMA | JOSEFINA | JOVITA | JOANA | JUDIT | JULIA | JULIANA | JULIETA | JUSTA | JUSTINA

KALI | KAREN

LARA | LAURA | LAVINIA | LEA | LEILA | LEOCADIA | LEONOR | LETICIA |
LLIBERADA | LIDIA | LILIAN | LINDA | LORENA | LORETO | LOURDES |
LLUCIA | LUCILA | LUCINA | LUCRECIA | LUDMILA | LLUISA | LLUM

NADIA | NATALIA | NATIVITAT | NAUSICA | NATZARETH | NIDIA | NEUS |
NOELIA | NOEMI | NORMA | NÚRIA

OBDULIA | OFELIA | OLGA | OLIMPIA | OLIVIA | OTILIA

PALMIRA | COLOMA | PAMELA | PANDORA | PASTORA | PATRICIA | PAULA |
PAULINA | PENÈLOPE | PERPETUA | PETRA | PETRONELLA | PIETAT | PILAR |
POLIXENA | PRISCILLA | PURIFICACIÓ

QUITERIA

RAQUEL | REBECA | REGINA | REMEI | RESTITUTA | REIS | RITA | ROCIO |
ROSA | ROSALIA | ROSER | ROSAURA | RUFINA | RUT

SABINA | SAFIRA | SAGRARI | SALOME | SAMANTA | SARA | SEFORA |
SERENA | SIBIL | SILVIA | SOCORS | SOFIA | SOL | SONSOL | SOLEDAT |
SONIA | SUSAGNA

TAMARA | TATIANA | TECLA | TEODORA | TEODOSIA | TERESA | TRINITAT

URSULA

VERA | VERÒNICA | VICTÒRIA | VIOLANT | VIOLETA | VISITACIÓ

ZAIDA | ZAIRA | ZENAI | ZENOBIA | ZITA | ZOE | ZORAIDA | ZULEM

# Nombres habituales entre los croatas

## *Nombres para el varón*

**A**

ALEN | ALJOSA | ALOJZIJE | AMIN | ANDREW | ANDRIJA | ANTE | ANTO |
ANTUN | AGOSTO | AUGUSTIN

**B**

BEPO | BERNARD | BERNARDIN | BLASIUS | BLAZ | BORIC | BORIS | BORIS-
LAV | BORNA | BOZE | BOZIDAR | BOZO | BRANIMIR | BRANKO | BRASLAV

**C**

CEDEDA | CHIRIL | CHISTOPHER

**D**

DALIBOR | DAMIR | DARIO | DARKO | DAVOR | DAVORIN | DELKO | DINKO |
DMITAR | DMITRI | DOMAGOJ | DRAGAN | DRAGEN | DRAGOMIR |

**DRAZEN | DRZISLAV | DUBRAVBO | DUSAN**

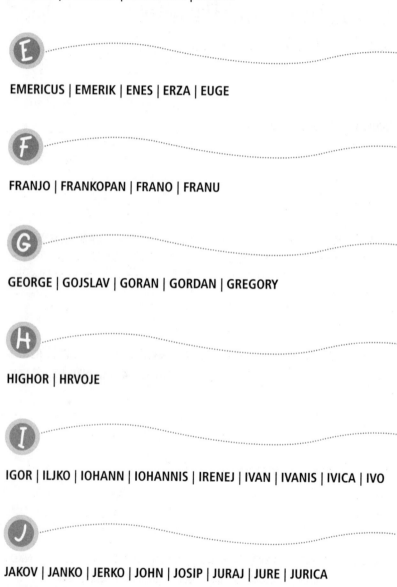

**EMERICUS | EMERIK | ENES | ERZA | EUGE**

**FRANJO | FRANKOPAN | FRANO | FRANU**

**GEORGE | GOJSLAV | GORAN | GORDAN | GREGORY**

**HIGHOR | HRVOJE**

**IGOR | ILJKO | IOHANN | IOHANNIS | IRENEJ | IVAN | IVANIS | IVICA | IVO**

**JAKOV | JANKO | JERKO | JOHN | JOSIP | JURAJ | JURE | JURICA**

**KARLO | KOCELJ | KRESIMIR | KRESO | KRSTO | KULIN | KYM**

**LADISLAV | LADISLAV | LAURENTIUS | LJDEVIT | LJUTOMIS | LOVRO | LUKA**

**MARIJAN | MARIO | MARKO | MARO | MAROJE | MARYJAN | MATEJ | MATIJA | MATILDO | MATKO | MICHAEL | MIHAJLO | MIKA | MIKAC | MIKO-LA | MILAN | MILLA | MIRKO | MIROSLAV | MISLAV | MLADEN | MUTIMIR**

**NICHOLAUS | NICOLA | NIK | NIKICA | NICOLA | NINO | NINOSLAV | NOVICA**

**PASKO | PAUL | PAVAO | PAVLE | PEDRAG | PETAR | PRIBINA**

**RADOVAN | RATIMIR | ROBERT | RUDI**

SANJIN | SASA | SAVKA | SILVIJE | SIME | SINIA | SINIPA | SLAVA | SLAVAC |
SLAVEN | SLAVICA | SLAVKO | SMELIAN | SRETEN | STIPE | STJEPAN |
SVETISLAV

TOMISLAV

ULFO | UPASAK

VATROSLAV | VEDRAN | VIKTOR | VISESLAV | VISNJIC | VLADISLAV |
VLADKO | VLADO | VOJNOMIR

ZAN | ZANONE | ZARKO | ZDESLAV | ZELJKO | ZVONIMIR

# Nombres para la mujer

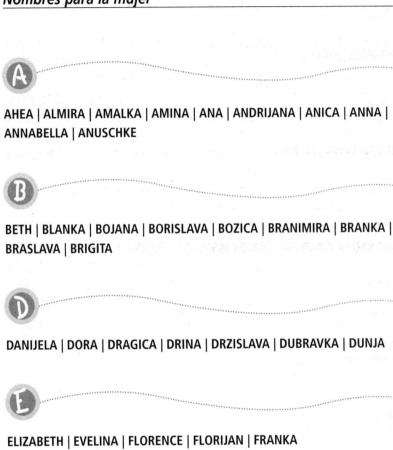

**A**

AHEA | ALMIRA | AMALKA | AMINA | ANA | ANDRIJANA | ANICA | ANNA | ANNABELLA | ANUSCHKE

**B**

BETH | BLANKA | BOJANA | BORISLAVA | BOZICA | BRANIMIRA | BRANKA | BRASLAVA | BRIGITA

**D**

DANIJELA | DORA | DRAGICA | DRINA | DRZISLAVA | DUBRAVKA | DUNJA

**E**

ELIZABETH | EVELINA | FLORENCE | FLORIJAN | FRANKA

**G**

GALILEJA | GOJSLAVA | GORDANA

## H

**HAJANA | HICELA**

## I

**INES | IVANA | IVANKA**

## J

**JADRANKA | JADVIGA | JANIE | JASMINKA | JELENA**

## K

**KAJA | KARA | KATARINA | KATELIN | KATINA | KAZIMIR | KLAUDIJA | KRESINIRA | KSENIJA**

## L

**LADISLAVA | LUJANA**

## M

**MANDA | MANDICA | MARIA | MARIJA | MARIJANA | MARINA | MARTINA | MARY-ANNA | MATILDA | MELANIA | MILA | MILICA | MILKA | MIRJANA | MIROSLAVA | MIRTA | MISLAVA | MLADENKA | MONIKA | MUTIMIRA**

**NANCI | NATALIJA | NEDA | NEVENKA | NINOSLAVA**

**RATIMIRA | RENATA | ROSA | ROZALIJA | RUZA | RUZICA**

**SANJA | SIDONIJA | SILVIJA | SUJANA | SVETISLAVA | SVJETLANA**

**TIHANA | TOMISLAVA | TRPIMIRA**

**VEDRANA | VERONIKA | VESNA | VLADISLAVA | VOJNOMIRA | VOLELA**

**ZDESLAVA | ZELJKA | ZINKA | ZORA | ZVONCHICA | ZVNIMIRA**

# Nombres habituales entre los daneses

## Nombres para el varón

**A**

AARON | ABEL | ADAM | ADIL | AEVAR | AGNAR | AKSEL | ALF | ALFARIN | ALREK | ALVIN | AMMUND | ANGUS | ARILD | ARIN | ARINBJORN | ARMOD | ARNALD | ARNBJORN | ARNDT | ARNGRIM | ARNI | ARNKELL | ARNOD | ARNOR | ARNRID

**B**

BAREK | BAUGER | BEINIR | BEKAN | BERG | BJORN | BODVAR | BOEDMOD | BOELVERK | BOERK | BOLLI | BOTOLF | BRAGI | BRAND | BRATT | BREID | BRODD | BROENDOLF | BRUNI

**C**

CANUTE | CEDRIK | CHRISTIAN | CHRISTOPHER | CNUT

DALK | DAN | DARRI | DETLEF | DIETRICH | DUFTHAK

EDMUND | EDVARD | EGAN | EGIL | EINAR | ELIF | ELLIOTT | ELMER | ELTON |
EMMERIK | ENDRID | ERIK | ERLEND | ERLING | ERNST | ERP | ERVIND |
EVALD | EVERT | EYSTEIN | EYVINDAR

FALKI | FELIKS | FILIP | FLEIN | FLOKI | FLOYD | FORNI | FRANK | FRANZ |
FREDERICK | FREDERIK | FREDRIK | FRIDLEIF | FRIDMUND

GALMIR | GALT | GARDAR | GAUK | GAUTREK | GAVIN | GEIRSTEIN |
GERHART | GERSON | GILS | GORDON | GORM | GRANI | GRETTIR | GRIMIR
| GRIMKELL | GRIMOLF | GRIP | GRISS | GUDMUND | GUDROD | GULLIVER |
GUNNAR | GUNNSTEIN | GUNNVALD | GUNTHER | GUSTAF | GYRD

HAAKON | HAKI | HALDOR | HALL | HALLFRED | HALSTEIN | HAMUND |
HANS | HARALD | HAREK | HARLEY | HAROLD | HASTEIN | HAVARD |
HEDIN | HEKTOR | HEMMING | HENDRIK | HENRIK | HENRY | HERGILS |

HERMANN | HERMUND | HERROD | HERSTEIN | HILDIR | HOWARD | HROLF | HROMUND | HROSSKELL | HRUT | HUBERT | HUNDOLF

INGE | INGILD | INGIMUND | INGJALD | INGMAR | INGO | IRVING | ISOLF | ISRAUD | ISTVAN | IVAR

JAMES | JAN | JANNIS | JARL | JASON | JOEKULL | JOEL | JOERUND | JOHANN | JON | JONATHAN | JORDY | JOSEF | JOSTEINN | JURGEN

KARL | KASPAR | KEIT | KENNETH | KEVIN | KLAUS | KORMAK | KRISTOF | KRUM | KUGALD | KUNZ | KURT | KVIST | KYLAN

LARS | LEIF | LENNART | LEONHART | LEOPOLD | LINUS | LORENZ | LOTHAR | LUDOLF | LUDVIG

MAGNUS | MALCOLM | MANFRED | MARKO | MARVIN | MELDUN |

**MELKIOR | MIKAEL | MODOLF | MOEROR | MORGAN | MORITZ**

**NIELS | NIKOLAS | NILS | NJALL | NORBERT | NORMAN**

**ODLEIF | ODMAR | OEGMUND | OEGUR | OLAF | OLAV | OLEG | OLIVER | ORM | OSCAR | OSMAR | OSVALD | OTKELL | OTTAR**

**PALL | PATREK | PETR**

**RADORM | RAGNAR | RAIMUND | RAINAR | RANDOLF | RAUDULF | RAYMOND | REGNER | RODREK | RONALD | RUNOLF | RUPERT | RURIK**

**SAEMUND | SCOTT | SIGAR | SIGFRID | SIGMUND | SIGURD | SIGVALD | STANLEY | STARRI | STEFFAN | STEIN | STEINAR | STEN | STEVEN | STUAR | STURL | SVAN | SVART | SVEIN | SVEN | SVERRE | SVERTING**

TANNI | THORFID | THORFIN | THORGAUT | THORGEST | THORGIL | THOR-HAD | THORHAL | THORIR | THORKEL | THORLAK | THORSTEIN | THORVALD | THORVALDUR | THORVID | THRAIN | TOBIAS | TOMMAS | TORRAD

UDO | UGO | ULF | ULFAR | ULRIK | UWE

VAGNAR | VALBRAND | VALDEMAR | VALGARD | VALTER | VEKELL | VER-MUND | VERTER | VESTAR | VIDAR | VIGLUND | VILFRED

WALDEMAR | WILHELM | WOLMER

YNGVAR

ZYGMUND

# Nombres para la mujer

**A**

ABIGAIL | ADDA | AGNES | AILSA | ALDIS | ANGLA | ANKE | ARNEID | ASDIS | ASGERD | ASMINE | ASTRID | ASNY | ASTA | ASTRID | ASVOR | AUD | AUDREY

**B**

BELINDE | BERA | BERGDIS | BERGTHORA | BERTHA | BIRGIT | BIRNA | BJORG | BORGHILD | BOTEY | BRIGITT | BRUNHILD

**C**

CHRISTEN | CHRISTINE | CLOTILDE | CORINN | CORNELIA

**D**

DAFNE | DAGMAR | DAGRUN | DALLA | DELFINE | DINAH | DIS | DORRIS | DORRIT | DYRFINNA

**E**

EBBA | EDELTRAUT | EDITT | EDNA | EILEEN | ELINA | ELISABET | ELLEN | ERIKA | ERNY | EYDIS | EYJA

**FASTNY | FILLIS | FINNA | FREDA | FREGERD | FREYA | FRIDA | FRIDGERD | FROYDIS**

**GERD | GERTRUD | GETHE | GILDA | GILLIAN | GLADYS | GRETHA | GRIMA | GUDDA | GUDNY | GUDRID | GUDRUN | GUNNHILD | GUNNVOER**

**HALLBERA | HALLDIS | HALLVEIG | HARRIET | HAZEL | HEATHER | HEIDI | HEIKA | HELGA | HENRIKA | HERRID | HERTHRUD | HILDA | HUNGERD**

**IDUNN | IMKE | INGARD | INGEBRIT | INGELIS | INGIBJORG | INGRID | INGUNN | INGVOLD | IRMGARD | ISGERD**

**JANNIT | JARNGERD | JESSICA | JOANNA | JODIS | JOFRID | JONA | JONN-HILD | JORA | JOREID | JORUNN | JUDITH | JUSTINE**

**KADLIN | KAIA | KARIN | KATHLIN | KATLA | KATRINA | KETILRID | KITSA | KOLFINNA | KOLGRIMA**

**LEILA | LIANN | LIIS | LILIANE | LINDIS | LINDSAY | LOVISA | LUDWIGA | LYKKA | LYNETT**

**MAEVA | MAGDA | MARGARIT | MARIA | MARISA | MARTINA | MELLANIE | MIKELLA | MIRIAN | MJOLL | MOEID | MONIKE | MYRNA | MYRUN**

**NADINE | NANCY | NATHALIA | NIDBJORG | NIKOLE | NINA**

**ODDFRID | ODDLAUG | ODDLEIF | ODDNY | OFELIA | ORMHILD | OTILIA**

**PAMELA | PETRA | POLINE**

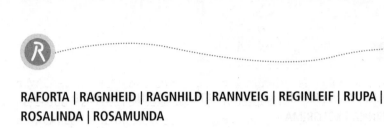

RAFORTA | RAGNHEID | RAGNHILD | RANNVEIG | REGINLEIF | RJUPA | ROSALINDA | ROSAMUNDA

SAEHILD | SALGERD | SCARLET | SIGBRIT | SIGNY | SIGRID | SINNED | SOL-VEIG | SOLVOER | STELLA | SUSAN | SVANA | SVANLAUG

TALLI | TAMAR | TANIA | TARA | THORA | THORARNA | THORDIS | THOREY | THORHILD | THORID | THORIL | THORNY | THURID | TRUDI

ULA | ULFA | ULFHILD | ULRICO | URSULA

VALDIS | VALGERD | VEDIS | VELAUG | VENY | VERONIKA | VIGDIS | VILBORG

WENDY | WILHELMA | WILHELMINA | WILMA | WINIFRED

# Nombres asociados a la cultura celta

## *Nombres para el varón*

AARON | ADRIAN | AEL | AGNAN | AIGNAN | ALAN | ALAR | ALBAN | ALBERZ | ALBIN | ALEKSANDR | ALEKSIZ | ALER | AMAND | ANDREV | ANTON | AOGUST | AOUSTIN | ARMAND | ARMANS | ARMEL | ARTHUR | ARZHAEL | ARZHEL | ARZHUL | ARZUR | AUBE | AUBIN | AWEN | AWENIG

BARTRIG | BASTIAN | BELTRAM | BENNIGAN | BERIEN | BERNEZ | BERTELE | BERVEN | BEUNO | BEUZEC | BEUZEUG | BI | BIEL | BILI | BLAEZ | BLEAZ | BLEIZ | BOSCAT | BOZEL | BRAN | BRANDAN | BRENDAN | BREVAL | BREVALER | BREVARA | BRIAC | BRIAG | BRIAN | BRICE | BRIVAEL | BRIVEL | BRIZ | BUDIG | BUDOC | BUDOG | BUDOGAN | BUVAEL | BUVEL | BUZIG

CADO | CADOC | CADOU | CARADEC | CARENTEC | CHARLEZ | CHARLIG | CHARLOU | CHEUN | CLAIR | COLLEDOC | CONOG | CORENTIN

DAGAN | DAVID | DENIEL | DERRIEN | DEVAN | DEVI | DEWI | DIDER | DIVI |
DOMINIG | DONALD | DRIAN

EDWIN | EGINER | ELIAZ | ELIEZ | ELOUAN | EMILIAN | EMILION | ENOR |
ENVEL | ERGAD | ERIG | ERVEN | ERWAN | EVAN | EWAN | EWEN

FAGAN | FELIS | FELIZ | FIAKR | FINGAR | FINIAN | FOREANNAN | FRAGAN
| FRANSEZ | FRIARD | FRIEG | FULUB

GABRIEL | GAEL | GAIL | GALL |  GREGOR | GUDWAL | GUENOU | GUIHEN |
GUIREC | GUNTIERN | GURVAL | GWENAEL | GWENNIN

HAMON | HARN | HERBLON | HERBOD | HERLE | HERNIN | HERRI | HERVE |
HERVEIG | HOARDON | HOEL | HOUARDON | HOUARN | HUBERZ | HUON

**I**

IDEUG (N) | IDUNED | ILTUD | IVI | IVIAZ | IVON | IWAN | IZIDOR

**J**

JAFREZ | JAKEZ | JEROM | JEZEKEL | JIKEL | JILDAZ | JOAKIM | JOB | JOEVA | JOSEF | JOSS | JOSSE | JOZEB | JOZEF | JUD | JUDET | JUDOC | JULIAN

**K**

KADEG | KADO | KAIE | KAOURINTIN | KARADEG | KAST | KEL | KELIG | KEO | KERIEN | KEVIN | KIDO | KIDOU | KILLIAN | KIREG | KLEDEN | KONAN | KONOG | KONWOION | KORENTIN | KRISTEN | KRISTIAN | KRISTOF

**L**

LAORANS | LAOUENAN | LEAN | LEONOR | LERI | LERY | LOEIZ | LOIC | LOIG | LOM | LOMIG | LUNAIRE | LUNER | LUSIAN

**M**

MADEG | MADEN | MAE | MAEL | MAHE | MAI | MALOR | MANU | MAODEZ | MAORIS | MAREG | MARK | MARZIN | MATIAZ | MATILIN | MAULDE | MAZE | MAZEO | MEL | MERLIN | MEVEN | MEWEN | MIKAEL | MIKEL | MILIAU | MILIO | MORGAN | MORIZ | MORVAN

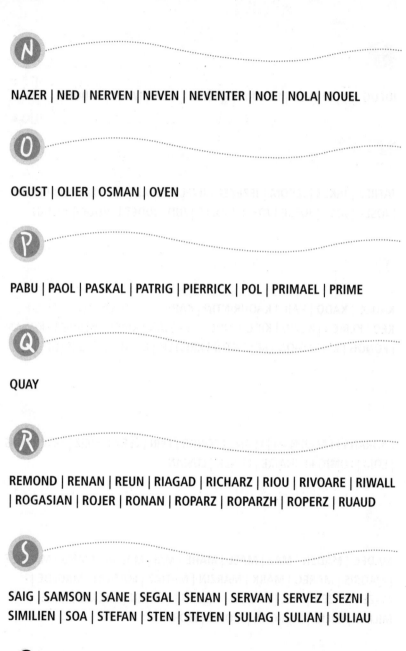

**N**

NAZER | NED | NERVEN | NEVEN | NEVENTER | NOE | NOLA| NOUEL

**O**

OGUST | OLIER | OSMAN | OVEN

**P**

PABU | PAOL | PASKAL | PATRIG | PIERRICK | POL | PRIMAEL | PRIME

**Q**

QUAY

**R**

REMOND | RENAN | REUN | RIAGAD | RICHARZ | RIOU | RIVOARE | RIWALL | ROGASIAN | ROJER | RONAN | ROPARZ | ROPARZH | ROPERZ | RUAUD

**S**

SAIG | SAMSON | SANE | SEGAL | SENAN | SERVAN | SERVEZ | SEZNI | SIMILIEN | SOA | STEFAN | STEN | STEVEN | SULIAG | SULIAN | SULIAU

## T

TANGUY | TELIAU | TEO | THELIAU | TIN | TOMAZ | TOMIN | TONAN | TREVEUR | TRISTAN | TUAL | TUDI | TUGAL | TURIAU | TURIEN | TURIO

## U

URIEN

## V

VENEC | VIAL | VIAU | VISANT | VITAL | VONIG | VOUGAY

## W

WINOG

## Y

YANN | YANNICK | YANNIG | YEUN | YOUENN | YOUL | YOUN | YVON

## Z

ZAVIER

# Nombres para la mujer

**A**

ALMIRA | AMALKA | AMINA | ANICA | ANNA | ANNABELLA | ANUSCHKE

**B**

BETH | BLANKA | BORISLAVA | BOZICA | BRANKA | BRASLAVA | BRIGITA

**D**

DANIJELA | DORA | DRAGICA | DRINA | DRZISLAVA | DUBRAVKA | DUNJA

**E**

ELIZABETH | EVELINA | FLORENCE | FLORIJAN | FRANKA

**G**

GALILEJA | GOJSLAVA | GORDANA

### H

HAJANA | HICELA

### I

INES | IVANA | IVANKA

### J

JADRANKA | JADVIGA | JANIE | JASMINKA | JELENA

### K

KARA | KATARINA | KATELIN | KATINA | KLAUDIJA | KRESINIRA | KSENIJA

### L

LADISLAVA | LUJANA

### M

MANDA | MARIA | MARINA | MARTINA | MATILDA | MELANIA | MILA | MILKA | MIRJANA | MIROSLAVA | MIRTA | MISLAVA | MONIKA

NANCI | NATALIJA | NEDA | NEVENKA | NINOSLAVA

RATIMIRA | RENATA | ROSA | ROZALIJA | RUZA | RUZICA

SANJA | SILVIJA | SNJEZANA | SUJANA | SVETISLAVA | SVJETLANA

TIHANA | TOMISLAVA | TRPIMIRA

VEDRANA | VERONIKA | VESNA | VISESLAVA | VLADISLAVA | VOJNOMIRA

ZDESLAVA | ZELJKA | ZINKA | ZORA | ZVONCHICA | ZVNIMIRA